U0010960

世界遺產

你最想知道的一○一個絕景祕境

簡孝貞、徐杉杉——編著

晨星出版

序

「世界遺產」指的是世界上具有「傑出普世價值（Outstanding Universal Value）」的自然遺產、文化遺產，或同時兼具兩種條件的複合遺產，聯合國教科文組織（UNESCO）鑒於這些遺產正受到各種自然與人為的破壞，於 1972 年 11 月 16 日通過《世界遺產公約》，第一批「世界遺產名錄」則在 1978 年公布，目的是向世界各國呼籲其重要性，進而推動國際合作，實際採取行動去保護這些珍貴的人類共同資產。

最近一次的世界遺產年會在 2017 年 7 月召開，世界遺產總數達到 1073 處，包括文化遺產 832 處、自然遺產 206 處、複合遺產 35 處；跨國遺產 37 處；列入「瀕臨危險」名單 54 處。目前 193 個締約國中，有 167 國擁有世界遺產。

本書精心挑選你最想知道的 101 處超人氣世界遺產，依照分布地區分為六章，以國家為線索編輯而成，收錄範圍從火山、峽谷、古城、神廟……等西元前遺留下來的自然與文化景觀，到興建於 19 世紀的越南順化皇城，從古到今，一次滿足你的探索欲望！

特別收錄 2016 年「世界建築文物保護基金會（WMF）」列為「世界文物守護」名單的「魯凱族好茶舊社」，此處 2009 年被文化部遴選為「臺灣世界遺產潛力點」，是臺灣最有潛力入選「世界遺產」的文化景觀。雖然臺灣並非聯合國正式會員，無法申報登錄世界遺產，但是透過這樣的安排，希望喚起人們對本土文化與自然遺產的重視，並且實際採取行動去維護與保存。

※ 資料來源
‧ https://zh.wikipedia.org/wiki/ 維基百科─世界遺產
‧ https://twh.boch.gov.tw/world/ 文化資產局─臺灣世界遺產潛力點

CONTENTS

1 亞洲及太平洋地區

4 阿拉伯地區

5 拉丁美洲及加勒比海地區

6 非洲

CHAPTER 1

亞洲及 太平洋地區

001 土耳其 複合遺產 哥萊美國家公園

登錄名稱：Göreme National Park and the Rock Sites of Cappadocia
地理位置：安那托利亞中部高原
登錄時間：1985 年

精靈的煙囪群

哥萊美國家公園擁有因為宗教迫害而打造的地下城市，以及火山地形所創造的卡巴德基亞岩石區，在 1985 年被聯合國教科文組織列為文化條件與自然條件兼具的「複合性」世界遺產。

遠從新石器時代時期開始，現今哥萊美國家公園所在的地點，就已經有人類居住。前後經歷波斯和鄂圖曼土耳其等帝國統治、羅馬帝國打壓基督教，加上拜占庭帝國與阿拉伯人入侵等等歷史因素，基督教徒陸續逃難至此地，在哥萊美的石壁上鑿出岩洞教堂，在地面之下建造複雜又相通的地底城市。

哥萊美露天博物館（Göreme Open Air Museum）周圍的岩洞教堂群，興建時期約為西元 4 世紀到 9 世紀。拱形的天花板上遺留大量描述耶穌事蹟的溼壁畫，相關石刻作品也不少，其中較為知名的「黑暗教堂」（Karanlik Kilise），內部壁畫記錄耶穌誕生、被釘在十字架上等著名的聖經故事。目前此區域已發現的地下城有三十餘座，包括凱馬克利地下城（Kaymakli Underground City）等處，深度可達數層樓，並設有利用槓桿原理推動、重達 2 噸的石門，用來防禦敵人入侵，狹窄而複雜的通道只容許一次一人進出，洞穴內的垂直通風口則有助地底空氣循環。

卡巴德基亞岩石區，是一個由火山熔岩沉積的區域，百萬年前火山爆發遺留的熔岩，經歷長時間風化侵蝕，逐漸形成頂端是蘑菇狀的白色岩柱，像是一個個高矮不一的煙囪，當地的古老傳說想像這些岩柱裡頭住著無數的精靈，因此這些岩柱被稱為「精靈的煙囪」。

土耳其 複合遺產 **棉堡**

登錄名稱：Hierapolis-Pamukkale
地理位置：安那托利亞，德尼茲利
登錄時間：1988 年

石灰岩結晶形成的雪白城堡

在古羅馬帝國時期，棉堡出現大量的溫泉，這些含有碳酸鈣的溫泉水，在長期流動的過程裡，冷卻結晶逐漸從果凍狀鈣化為堅硬的石灰岩層。這些大量的白色石灰岩層，有些高度接近 1 公尺，有的則高達 6 公尺，像是白色梯田般，層層錯落的景觀恰似雪地或棉花，遠看又像是位於山上的城堡，因此被稱為「棉堡」。

在棉堡一層層的白色平台上，蓄積著有療癒功效的藍色溫泉水，藍白雙色相襯形成棉堡之美。此區計有十餘處溫泉，溝渠裡也有可供旅客泡腳的溫泉，曾經蓋有飯店，建有機場跑道，放任遊客隨意進出、機車等交通工具自由通行，使得溫泉水質遭到汙染，天然景觀被嚴重破壞。

1988 年聯合國教科文組織將棉堡列為世界文化遺產，土耳其政府才開始推行新的保護措施，拆除飯店與機場跑道等現代建築物，徹底整頓當地景觀，加強保護這些古蹟，重新恢復原貌，並且規定遊客們造訪棉堡必需脫鞋，赤腳步行參觀，避免踐踏破壞珍貴的石灰岩地形。

棉堡旁邊的赫拉波利斯（Hierapolis），在希臘語中是「聖城」之意。在希臘羅馬時期建有城市，以溫泉聞名，城內設有完善的排水系統，並且大量使用拱頂式設計，是拱頂式建築的典範。西元前 2 世紀至 3 世紀是赫拉波利斯最繁榮的時期，之後因為多次發生地震等因素而沒落，目前仍殘留圓形劇場、游泳池、神廟、長達一公里的主要街道、足夠容納數萬人潮聚集的大廣場，與超過 1200 具石棺的古墓地等歷史遺跡，圓形劇場是向下眺望赫拉波利斯全景的最佳景點。

003 佛國寺

登錄名稱：Seokguram Grotto and Bulguksa Temple
地理位置：慶州市
登錄時間：1995 年　興建時間：774 年初次修建完工

新羅佛教藝術與建築美學的經典之作

　　佛國寺是韓國最知名的宗教文化古蹟，被公認是新羅時期佛教藝術的經典，寺內的多寶塔等七項文物，更屬於韓國國寶級的文物。聯合國教科文組織於 1995 年將佛國寺列入世界文化遺產名錄。

　　佛國寺位於吐含山腰，初次修建時間長達 30 年，於西元 774 年完工。西元 1592 年起豐臣秀吉入侵朝鮮半島，這場「萬曆朝鮮之役」（韓國稱「壬辰倭亂」）長達 6 年，在戰亂時期，這座寺廟大多數的木造建築遭到焚毀，因此變成廢墟。17 世紀曾經重建，二次大戰後也有局部整修，1970 年則是全面重建，可惜新建的部分卻改為高麗與朝鮮初期的建築樣式，不再是新羅時期的風格。

　　佛國寺主要分為三個區域，分別是大雄殿、極樂殿以及毗盧殿。大雄殿供奉釋迦牟尼佛，上方是白雲橋，下方是青雲橋，兩座橋的台階總數三十三階，與佛教的三十三重天相對應，登上此處即象徵來到釋迦牟尼的淨土。大雄殿前的庭院內，有著釋迦塔與多寶塔，這兩座石塔是韓國的珍貴國寶，與佛教經典《法華經》相關，分別象徵釋迦牟尼佛和多寶佛。

　　極樂殿供奉阿彌陀佛。相傳極樂世界位處於釋迦牟尼佛所在的淨土西側，故稱為「西方極樂世界」，因此佛國寺的極樂殿就設立在大雄殿西側。新羅人將佛祖法堂比喻為龍船，所以此殿的上方形狀像龍頭，後方隱約有龍尾形狀。毗盧殿象徵蓮華藏世界，此殿供奉毗盧舍那佛，也就是大日如來。此佛是光明與智慧的象徵，也是新羅佛像雕刻藝術的經典之作，亦名列韓國國寶。

登錄名稱：Jiuzhaigou Valley Scenic and Historic Interest Area
地理位置：四川省九寨溝縣
登錄時間：1992 年

人間仙境・童話世界

　　位於中國四川省北部的九寨溝，自然景色以高山湖泊和瀑布群為主要特點，1992 年被列為世界自然遺產，1997 年納入世界「人與生物圈」保護區，2000 年更被評為中國首批 AAAAA 級旅遊景區。集湖泊、瀑布、河灘、溪流、雪峰、森林及藏族風情為一體，是中國唯一擁有「世界自然遺產」和「世界生物圈保護區」兩項桂冠的地方，因此被稱為「人間仙境」和「童話世界」。

　　九寨溝屬於四川省阿壩藏族羌族自治州九寨溝縣，位處於青藏高原東南的尕爾納山峰北麓，主要由岷山山脈中呈「丫」字形分布的日則溝、則查窪溝、樹正溝三條溝谷所構成，海拔在 2000 至 3000 公尺之間，屬高寒喀斯特地貌。總面積約 620 平方公里，約有 52% 的面積被原始森林所覆蓋，其間夾生箭竹和各種奇花異草，此外也有大熊貓、金絲猴、白唇鹿等諸多野生動物棲息於此。

　　雖然九寨溝大部分被森林所覆蓋，但這裡最美的還是湖泊和瀑布景區，內有成梯形分布的大小湖泊 114 個，瀑布群 17 個，以海拔 1870 公尺的高低落差，在 12 座雪峰之間穿林跨谷，逶迤近 60 公里。九寨溝山水約形成於第四紀古冰川時代，因此保留了大量的第四紀冰川遺跡。漫步在穿梭林間、蜿蜒水邊的生態棧道上，彷彿走進了群山環抱的天堂世界裡，風景美不勝收。

　　然而，2017 年 8 月 8 日的一場七級強震，造成多個美麗的自然景點產生崩塌，有待時間慢慢修復大地，再度重現人間仙境姿態。

布達拉宮

登錄名稱：Historic Ensemble of the Potala Palace, Lhasa
地理位置：西藏自治區拉薩市西北
登錄時間：1994 年　興建時間：7 世紀

世界屋脊──全世界海拔最高的宮殿

　　布達拉宮坐落於中國西藏自治區的首府拉薩市區西北、高度 3700 公尺的紅山上，是世界上海拔最高，集宮殿、城堡和寺院於一體的宏偉建築，也是西藏最龐大、最完整的古代宮堡建築群。有著「世界屋脊明珠」之稱的布達拉宮，是拉薩乃至青藏高原的標誌，也曾經是西藏的政權中心。

　　西元 7 世紀，吐蕃第 33 代贊普松贊干布統一青藏高原後，遷都至拉薩，建造這座有 999 間房屋的宮宇。西元 1645 年，吐蕃王朝敗落、宗教盛行，於是達賴喇嘛五世決定重建布達拉宮，這也是西藏政教合一時期的開始。經過多年不斷擴建，如今的布達拉宮占地超過 10 萬平方公尺，依山疊砌、群樓重疊、殿宇嵯峨，是藏式古建築的代表作，被譽為「世界十大土建築」之一。

　　「布達拉」是梵語，又譯作「普陀」，原指觀音菩薩的居所。布達拉宮外觀 13 層，高 110 公尺，自山腳向上直至山頂，由東部的白宮以及中部的紅宮所組成。白宮因外牆為白色而得名，是達賴喇嘛生活、起居的場所，一共有七層。最頂層是達賴喇嘛的寢宮「日光殿」，殿內有一部分屋頂敞開，陽光可以射入，晚上再用蓬布遮住，因而得名。紅宮位於布達拉宮的中央位置，外牆為紅色，是歷代達賴喇嘛的靈塔殿，共有五座，宮殿採用曼陀羅布局，圍繞著歷代達賴的靈塔殿建有許多經堂、佛殿，從而與白宮連為一體。

　　這座凝結藏族智慧，保存漢藏文化的古建築群，以其輝煌的雄姿和藏傳佛教聖地的地位，成為藏民族共同的精神象徵。

006 中國 文化遺產 西湖

登錄名稱：West Lake Cultural Landscape of Hangzhou
地理位置：杭州
登錄時間：2011 年

淡妝濃抹總相宜的自然美景

西湖位於中國浙江省杭州市區西面，東靠杭州市區，其餘三面環山，總面積約 60 平方公里，名勝區內以西湖為核心，有國家、省、市級文物保護單位 60 處，和風景名勝景點一百餘處。由於西湖在中國歷史文化和風景名勝中占有重要地位，因此 1985 年被評選為中國十大風景名勝之一，也是主要的觀賞性淡水湖泊之一。2011 年，「杭州西湖文化景觀」更被聯合國教科文組織列入「世界遺產名錄」。

蘇東坡〈飲湖上初晴後雨〉：「水光瀲灧晴方好，山色空濛雨亦奇。欲把西湖比西子，淡妝濃抹總相宜。」為西湖贏得「西子湖」之美名。三面環山，層巒疊嶂的西湖，南北長 3.3 公里、湖岸周長 15 公里，其中孤山是杭州西湖中最大的天然島嶼，蘇堤、白堤越過湖面，小瀛洲、湖心亭、阮公墩三個人工小島鼎立於外西湖湖心，雷峰塔與保俶塔隔湖相映，由此形成「一山、二塔、三島、三堤、五湖」的基本格局。

其中「蘇堤」位在杭州西湖西邊，長約 2.8 公里，北起棲霞領下曲院風荷和岳王廟、南至西湖的南屏路，1089 年蘇軾擔任杭州知府開濬西湖，築起這條連接西湖南北的長堤，成為現今杭州市的重要交通要道，後人為了紀念蘇東坡，於是將它命名為「蘇堤」。在蘇堤南端還設有蘇東坡紀念館，紀念蘇軾對杭州的重要事蹟。蘇堤從南至北建有映波、鎖瀾、望山、壓堤、車浦及跨虹等六座橋梁，堤旁兩端種滿柳樹、桃樹、玉蘭花及芙蓉等多類花木，與白堤並稱為西湖二堤，景色宜人且古樸美麗，被稱為西湖五景之首。

007 中國 複合遺產 黃山

登錄名稱：Mount Huangshan
地理位置：安徽省黃山市
登錄時間：1990 年

天下第一奇山

　　黃山位於中國安徽省南部黃山市境內，海拔 1864 公尺，以「三奇」、「四絕」的奇異風采名冠於世，被譽為「天下第一奇山」。黃山是大自然的傑作，劈地摩天的奇峰，玲瓏剔透的怪石，變化無窮的雲海，千奇百怪的蒼松，構成無窮無盡的神奇美景，令人拍案叫絕。1986 年被評選為中國十大風景名勝之一，1990 年因其文化與自然的雙重遺產價值，更被聯合國教科文組織列入「世界遺產名錄」。

　　以花崗岩為主體的黃山，因受到內外因素作用，長期崩落風化，形成眾多的石峰、石柱、石蛋，形態各異、千奇百怪，有的酷似珍禽異獸，有的宛若各式人物，有的形同各種物品，成為黃山最為奇特的景觀。

　　遊過黃山的人都說：「黃山的主旋律是在雲霧之中。」意思就是黃山最好的景色在於高峰地帶，而且有雲霧的時候最美，特別是奇峰怪石和古松若隱若現於雲海之中，更增添不少美感。黃山一年之中有雲霧的天氣達 250 天以上，而且雲來霧去、變化莫測，時而是風平浪靜的一片汪洋，時而波濤洶湧、白浪排空。因此，黃山地區有西海、東海、北海、南海和天海等等地名。

　　其中，位於北海賓館東方的「石筍矼」，號稱黃山第一奇觀，矼上石柱參差林立，奇松奇石風姿各異，十八羅漢面朝南海維妙維肖、引人入勝。西海的賞景勝地則為排雲亭，簇擁著許多箭林般的峰巒，每當雲霧縈繞，層層疊疊的峰巒時隱時現，像極了浩海中的無數島嶼。

　　黃山，這個風景勝地對世人而言，有著永恆的魅力。

登錄名稱：The Great Wall
地理位置：由渤海山海關延伸到甘肅省嘉峪關
登錄時間：1987 年　**興建時間**：西元前 7 世紀

世界十大奇蹟之一

萬里長城，堪稱中國建築史上最偉大的建築。東起河北山海關、西至甘肅嘉峪關，橫跨遼寧、河北、北京、內蒙古、山西、陝西、寧夏、甘肅等八個省／直轄市／自治區，全長約六千多公里，橫越今日中國 15 個省分。始建於戰國時期，歷經秦、漢、明等朝代的擴建，是世界上修建時間最長，也是中國史上最重要且雄偉的國家級軍事性防禦工程之一。在 1987 年被列入世界文化遺產。

相傳秦始皇時代為了防禦領土的關係，開始建造長城，而後經歷各朝代的延宕和擴大工程，最後終於在明朝完成「萬里長城」。作為世界七大不可思議建築之一，萬里長城是全球少見的巨型結構，構建以「因地制宜」為基本法則，運用地理天險來防禦敵方，不僅節省建築材料而且又利於防守，除了在軍事上有重要的功能之外，更是中國氣候、地域、農作物的天然分界點。

萬里長城主要由關隘、城牆、樓台和烽火台所組成，「關隘」是指邊界上的要塞隘口，有的叫「關」，如山海關、居庸關，有的叫「口」，如喜峰口、古北口。「城牆」與「樓台」具有進出關口、觀察指揮和防禦敵方的功能。

作為聞名世界的 5A 級旅遊風景區，萬里長城有許多著名的景點，包括金山嶺長城、八達嶺長城、慕田峪長城、居庸關、山海關及嘉峪關等等，各自有其特色風情。其中最便利且受歡迎的，莫過於距離北京最近的「八達嶺長城」，是登萬里長城的必訪之處。

009 中國 文化遺產 麗江古城

登錄名稱：Old Town of Lijiang
地理位置：雲南省麗江市
登錄時間：1997 年　　**興建時間**：13 世紀後期

沒有城牆的古鎮

　　麗江古城又名「大研古城」，位於中國西南部雲南省的麗江市舊城區，已有八百多年的歷史，由當年元朝的木氏土司興建。既是風景秀麗、歷史悠久、文化燦爛的名城，更是罕見且保存相當完好的少數民族古城。1997 年，與鄰近的束河古鎮和白沙古鎮一起登錄聯合國世界文化遺產。

　　相鄰的麗江古城、束河古鎮和白沙古鎮猶如三姐妹，各自有著截然不同的味道。麗江古城所有的房屋在建造時不使用一根釘子，完全利用穿斗式的木結構；束河古鎮是納西族先民在麗江壩子中最早的聚居地之一，也是茶馬古道上保存完好的重要聚落；白沙古鎮則幽如處子，古樸寧靜的氣質，讓人回味無窮。

　　相傳麗江古城始建於西元 13 世紀後期，海拔約 2400 公尺，全城面積達 3.8 平方公里，自古以來就是遠近馳名的市集和重鎮。因為麗江世襲統治者姓「木」，如果在周圍築城，不就像是在木字周圍加了框，形成一個「困」字？因此麗江古城是中國歷史文化名城中，唯一沒有城牆的古鎮。

　　麗江古城內的街道以紅色角礫岩鋪就，依山傍水修建，雨季不泥濘、旱季也不飛灰，石上花紋圖案自然雅致，與整個城市環境相得益彰。位於古城中心的四方街是麗江古街的代表，接近 4000 平方公尺的方形市街，四周均是整齊的店鋪，故稱四方街。自清初起就有四方商旅來到這裡貿易，使得麗江古城成為雲南西北主要的商品集散地和手工藝品產地。

　　1996 年的一場大地震，讓麗江再度走向世界，重新喚起人們的注意力。有生之年，一定要到這座不可思議的古城走走！

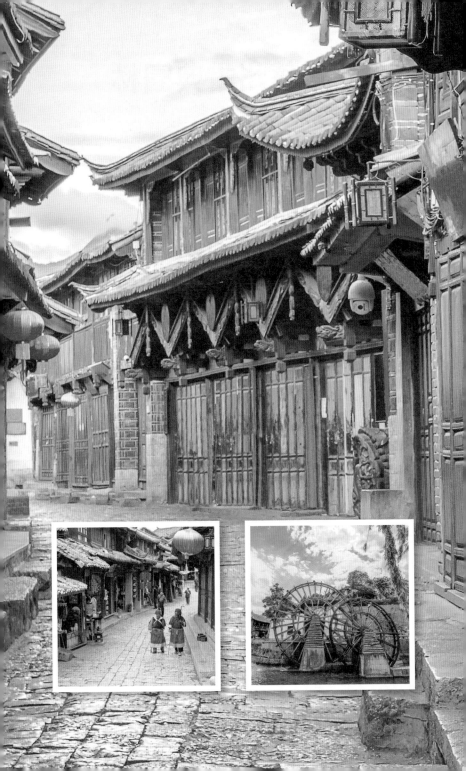

蘇州古典園林

登錄名稱：Classical Gardens of Suzhou
地理位置：江蘇省蘇州市
登錄時間：1997 年

文人寫意山水園

蘇州位於中國東部江蘇省境內，是著名的歷史文化名城，素來以山水秀麗、園林典雅而聞名天下，有「江南園林甲天下，蘇州園林甲江南」的美稱。城內有大小園林將近 200 處，園林占地面積不大，但以意境見長，透過匠心獨具的藝術手法在有限的空間內點綴安排、變化無窮。1997 年，蘇州古典園林作為中國園林的代表，被列入「世界文化遺產名錄」。

古代的造園者大多以詩為題、以畫為本，透過鑿池堆山、栽花種樹，創造出獨具詩情畫意的景觀，是文化意蘊深厚的「文人寫意山水園」。這些充滿書卷氣的詩文題刻與園內的建築、山水、花木，自然和諧地融合在一起，使園林的一山一水、一草一木產生出深遠的意境，徜徉其中，可得到心靈的陶冶和唯美的享受。其中滄浪亭、獅子林、拙政園和留園分別代表宋、元、明、清四個朝代的藝術風格，被稱為蘇州「四大名園」。

滄浪亭位於蘇州城南，是蘇州最古老的一座園林，園內以山石為主景，山下鑿有水池，山水之間以一條曲折的復廊相連。獅子林位於蘇州城內東北部，因園內假山石峰林立、狀似獅子而得名。拙政園位於蘇州婁門內，是蘇州最大的一處園林，明代正德四年，由官場失意還鄉的朝廷御史王獻臣建造，取晉朝文學家潘岳〈閒居賦〉中「灌園鬻蔬，以供朝夕之膳，是亦拙者之為政也」之意，命名為拙政園。留園坐落在蘇州市閶門外，占地約 3 萬平方公尺，中部以山水為主，是全園的精華所在。留園內的建築數量在蘇州諸園中居冠，空間上的突出處理，充分體現出中國古代造園家的高超技藝和卓越智慧。

登錄名稱：Archaeological Ruins at Moenjodaro
地理位置：席德省
登錄時間：1980 年　**興建時間：**西元前 2600 年

古印度河流域的「文明大都會」

　　摩亨朱達羅是巴基斯坦古城遺址，位於現今巴基斯坦的席德省拉爾卡納縣城，是印度河流域古老文明的搖籃。約於西元前 2600 年興建，有古印度河流域的「文明大都會」之稱，同時期古文明包括古埃及、美索不達米亞及克里特文明。1980 年，摩亨朱達羅的考古遺址被列入世界文化遺產，與哈拉帕文明並稱古印度文明的代表。

　　距今已有將近 5000 年歷史的摩亨朱達羅考古遺址，原是一座青銅時代的城市廢墟，又稱「死丘」或「死亡之丘」。1922 年，由印度考古考察部發現摩亨朱達羅的遺址。1930 年代，在約翰‧馬歇爾及其他考古專家帶領下，進行大規模的發掘工作。

　　整座古城面積約 8 平方公里，街道全部呈東西、南北走向，分為上城和下城。上城面向西郊，坐落在一個高約 9 公尺的橢圓形人造平台上。上面有大浴池、迴廊和帶有柱子的大廳，還有高於周圍地面的佛塔，可能是當年政府所在地和宗教祭司、官員寓所，並在外圍築有防禦工事。下城則是平民、商人、手工業者的居住區和店鋪，面臨印度河畔，沿河築有堤岸。寬而筆直的街道將城市劃分成大大小小的正方形街區，房屋有兩、三層，並設有完備的下水道系統。

　　據說摩亨朱達羅曾有十萬居民，卻在一夜之間剩下 44 具白骨。有考古學家推論，古城居民消失的原因很可能是「史前核爆」，或者發生了世界上最早的核子戰爭……種種猜測也讓這座印度古城被蒙上一層神祕的面紗，被列為「世界三大自然之謎」之一。

012 日本 文化遺產 姫路城

登錄名稱：Himeji-jo
地理位置：兵庫縣姫路市
登錄時間：1993 年　興建時間：1333 年

美麗的日本第一名城

　　日本三大名城之一的「姫路城」，位於兵庫縣姫路市，與松本城和熊本城並列。建於西元 1333 年的姫路城，至今已有六百多年的歷史，幸運躲過二次世界大戰的大空襲，成為日本保存最完整的古城，因此被稱為「日本第一名城」。姫路城因外觀為白色，搭配上彎曲微翹的屋簷，遠看像是白鷺挺立舞動的姿態，所以另有「白鷺城」的美名。在 1993 年納入世界文化遺產。

　　占地寬廣的姫路城，整座城廓由一座大天守閣、三座小天守閣及無數座箭樓，一共 83 座建築群連接而成。主建築物大天守閣建於 16 世紀末，樓高逾 46 公尺。相傳豐臣秀吉負責增築姫路城的三層「天守閣」時，沒有足夠的築城用石，百姓得知後自動捐贈石製物品，因此現在城牆上還能夠看見當時的古舊石臼。

　　姫路城四周設有巧妙防禦構造，以防止敵人入侵。由城門到「天守閣」的通道有如迷宮般錯綜複雜、迂迴不已，無法直通天守閣，如此才可避免在道路途中遭到突擊或是夾道攻擊。城門狹窄到一次只容許一個人通過，有些城門甚至設有落石機關。城牆上無數個各種形狀的洞稱為「狹間」，是射擊時所使用的孔洞，和牆壁內的「隱狹間」，以及門與牆壁中間的「落石」等防備設施，完全巧妙地融合在優美的建築風貌中。

　　每當遊客人潮最多的櫻花季時節，千棵吉野櫻一同綻放，整片淡粉色的枝頭，與白色的「天守閣」相互輝映，令人目不暇給，是日本人心目中的國寶級賞櫻景點。

日本
自然遺產 **小笠原群島**

登錄名稱：Ogasawara Islands
地理位置：東京南方約 1000 公里的太平洋上
登錄時間：2011 年

日本東京的最後祕境

　　小笠原群島位於東京南方 1000 公里處，是東京都最南方、最美麗的淨土，也是最不像日本的地方。它是遠古時代海底火山噴發所形成的島嶼，少平地而多海岸懸崖，屬海洋性亞熱帶氣候，氣溫變化較小。2011年入選為世界自然遺產，有「東洋的科隆群島」之稱。

　　1593 年德川幕府家臣小笠原貞賴發現此島，並宣布納入幕府領土，此後一直有所爭奪。1830 年，曾有一些美國人在島上開展殖民，但是沒有成功。1875 年，這些島嶼正式成為日本領土，並於第二次世界大戰期間成為日本的軍事基地。二戰結束後又被美國占領，直到 1968 年，主權終於回歸日本。

　　沒有機場的小笠原群島，唯一的對外交通工具就是船，是日本東京的最後祕境。群島由三十多個小島組成，其中最著名的有父島、母島和硫磺島等島嶼，由於人煙罕至，僅有父島和母島有人居住，其餘大都是無人島，自然環境非常純淨。

　　提到父島和母島，一般人印象不會太深刻，但如果說到硫磺島，大家的反應就不一樣了！硫磺島戰役不但名留青史，對電影愛好者來說，曾經拿下金球獎最佳外語片的《來自硫磺島的信》，更是耳熟能詳。硫磺島是小笠原群島中的一座火山島，因島上覆蓋著一層由火山噴發造成的硫磺而得名。除了美麗純淨的大自然景觀，小笠原群島特有的珍稀動植物在島嶼上獨立進化，即使是擁有相同起源的生物，因生存環境的不同，其遺存基因也變得豐富多樣，這是其入選世界遺產的主要原因。

法隆寺

登錄名稱：Buddhist Monuments in the Horyu-ji Area
地理位置：奈良縣
登錄時間：1993 年　**興建時間**：7 世紀

飛鳥樣式的佛教古蹟

飛鳥時代佛教傳入日本，聖德太子在西元 7 世紀下令建造法隆寺，這座寺院是日本最古老的木造建築，之後其他寺院才開始陸續建造。1993 年聯合國教科文組織將法隆寺登錄於世界文化遺產。

法隆寺建築風格受到中國六朝的影響，其建築樣式被稱為「飛鳥樣式」。寺內保存飛鳥時代以來的建築與文物，不過明治維新後的「廢佛毀釋」風潮，使得法隆寺遭到民眾破壞。此外，因為財政困難，寺院設備雖然老舊卻無經費可整修，也是困境之一。其後經歷二次世界大戰與法隆寺金堂火災事件，才終於喚起古蹟保護意識。日本政府於 1950 年已將法隆寺指定為國寶與重要文化財產，將法隆寺地區的佛教建築列入保護。

法隆寺占地面積約 19 公頃，分為東西兩院，西院是金堂、五重塔，東院則有夢殿等建物。由西院進入伽藍，右邊是金堂、左邊是五重塔，外圍則是「凸」字形迴廊。迴廊南面有中門，中門兩旁延伸的迴廊，又與北側大講堂左右相接。不過金堂、五重塔與中門、迴廊並非聖德太子時期的原物，而是 7 世紀後期的重建物。被列為國寶的金堂，立柱的特殊造型源自於古希臘、古埃及，南北先朝時先傳入中國之後，再影響日本，特色是柱子中間鼓起，上下逐漸變細。

東院伽藍建立在聖德太子居住過的斑鳩宮遺跡之上，以八角圓堂夢殿為中心，堂內安置有救世觀音像。夢殿四周環繞迴廊，迴廊南面為禮堂，北面為鎌倉時代建立的繪殿及舍利殿，連接傳法堂，傳法堂內安置有阿彌陀三尊像等眾多佛像。

015 日本 自然遺產 屋久島

登錄名稱：Yakushima
地理位置：九州最南端南方約 60 公里處
登錄時間：1993 年

海上的阿爾卑斯山

屋久島是位於日本九州大隅半島南方 60 公里的一座島嶼，氣候橫跨亞熱帶到寒溫帶，以其多元化及獨特的生態系統、美麗的大自然而獲得好評，亦因擁有樹齡超過 1000 年的巨型屋久杉、大量青苔，以及豐富的水源，而被稱為「遠古森林及水之島嶼」。

在屋久島上，樹齡超過千年以上的稱為「屋久杉」，而千年以下的則稱為「小杉」，屋久島採伐杉木的歷史久遠，開始於江戶時代一位從屋久島安房地區出身的高僧泊如竹。他為了促進屋久島的資源再利用，在 1640 年時向屋久島的林政蓄主提醒採伐杉木，江戶時代屋久島給幕府的上貢，就是以屋久島的杉木板材取代大米的形式繳納。

近年來，由於宮崎駿的動畫《魔法公主》就是以屋久島作為舞台場景，島上開始盛行觀光業。在這部動畫電影中，魔法公主置身在一片連石頭與樹木都長滿青苔的森林中，林中經常是雲霧繚繞，還有鹿、猴子與小精靈圍繞在公主四周，這片公主一心想要搶救的森林，其實就在屋久島的白谷雲水峽。

面積約 500 平方公里的屋久島，為一座火山島。其中 90% 都是山岳與森林，島上一萬五千名居民大部分集中居住於占地 40% 的沿海平地，多以農業、漁業與觀光業為生。島上的最高峰為宮之浦岳，標高 1936 公尺，這同時也是九州最高峰；此外，九州第二高峰也位於屋久島，名為永田岳。在屋久島上有 46 座山峰超過 1000 公尺，因此讓屋久島有「海上阿爾卑斯山」之稱。

由英國植物學家
Wilson 命名的著
名心形樹樁

尼泊爾
自然遺產
奇旺皇家國家公園

登錄名稱：Chitwan National Park
地理位置：那拉亞尼省奇旺區
登錄時間：1984 年　興建時間：1973 年成立國家公園

南亞最重要的自然生態保育區

　　奇旺皇家國家公園，範圍涵蓋印度與尼泊爾之間的山麓地帶，占地達九萬多公頃，擁有生態保持良好的溼地，更是眾多野生動物生活的區域，被認定為南亞最重要的自然生態保育區。1973 年成為尼泊爾第一座國家公園，1984 年聯合國教科文組織將此處列入世界自然遺產。

　　這座位於喜馬拉雅山下的國家公園，動植物生態豐富多元，有國際性重要地位的溼地未經破壞，是許多動植物的棲地，居住於此的鳥類計有五百多種，每年年底到隔年 3 月是賞鳥旺季，吸引眾多愛鳥人士造訪此地。熱帶叢林是許多動物的庇護居所，包括稀有的獨角亞洲犀牛，以及瀕臨絕種的孟加拉虎。

　　這兒也是野生亞洲象的主要棲地，設置有國營大象保育中心等相關場館，讓觀光客有機會了解大象日常生活狀態，訓練人員也會示範如何教導大象載貨與載人的過程。騎乘大象進入叢林，則是此地特有的旅遊行程，遊客坐在象背上有居高臨下的優勢，可以輕鬆渡河、踏過沼澤，尤其是在叢林間，有利於放眼搜尋在林間活動的各類動物，比較活躍的有猴子、野豬、梅花鹿等，孔雀也時常現蹤覓食，至於能否看到保育類等級的獨角犀牛、孟加拉虎等動物，則需憑藉好運氣。

　　搭乘獨木舟遊雷普提河，是體驗奇旺皇家國家公園的方式之一，這裡的獨木舟是用木棉樹製成，雷普提河寬約 200 公尺，搭船順流而下，沿途觀賞周圍的溼地、河景與動物，以及成群出現的鷺鷥等鳥類，是相當美好的行程。而不時出沒在河中與岸邊的鱷魚，則常常令觀光客膽戰心驚。

017 薩加瑪塔國家公園

自然遺產

登錄名稱：Sagarmatha National Park
地理位置：薩加瑪塔區索羅庫布
登錄時間：1979 年

世界第一高峰聳立其中

擁有標高 8848 公尺、世界最高之聖母峰聳立其中的薩加瑪塔國家公園，位於尼泊爾首都加德滿都東北的索羅庫布地區，是由高山、冰河及深壑峻谷等壯麗景色所組成的國家公園。境內亦能發現幾類稀有物種之蹤跡，如雪豹及小熊貓等，鳥類則多達 118 種。另外，居於此處的雪巴人，其獨特的文化風景和聚落景觀更增添此區域的魅力。1979 年，聯合國教科文組織將薩加瑪塔國家公園列入「世界遺產名錄」。

薩加瑪塔國家公園總面積 1148 平方公里，包括聖母峰在內共有 7 座山峰，其餘 6 座山峰的海拔高度也都在 7000 公尺以上，還有數量可觀的冰川深谷。聖母峰位於中國和尼泊爾兩國邊界，海拔 8848 公尺，是世界上最高的山峰，歐洲人稱它「埃菲爾士峰」，尼泊爾人稱「薩加瑪塔」，意思就是「摩天嶺」，是全世界登山運動員最嚮往的地方，各國登山隊紛至沓來。

薩加瑪塔國家公園內有極為豐富的動物和植物資源。園內地域海拔高度從 2850 公尺上升到 8848 公尺，形成了從亞熱帶到寒帶，從山谷到高山的各種氣候和生態環境，適合多種哺乳動物和植物生長。公園內至今生存著杜松、銀樺和麝鹿、雪豹等珍稀植物和動物。此外，國家公園內亦盛產喜馬拉雅杜鵑，尼泊爾更因此將杜鵑花定為國花。在距聖母峰 24 公里、海拔 3962 公尺的香波其建有一所現代化的旅館，是世界上海拔最高的旅館，也是觀賞喜瑪拉雅山區綺麗風光的好場所。在香波其還建有海拔 4267 公尺的高山機場，每天有班機與加德滿都往來。

伊朗
文化遺產
波斯波利斯

登錄名稱：Persepolis
地理位置：法斯省
登錄時間：1979 年　**興建時間**：西元前 500 年左右

波斯帝國的璀璨都城

「波利斯」原意是「都市」，「波斯波利斯」即為「波斯國的都城」。位於伊朗法斯省色拉子（Shiraz）東北，一座當地人稱為「善心山」（Mountain of Mercy）的山下，曾經是波斯帝國的首都，由大流士一世（Darius I）建於西元前 500 年左右，後來毀於亞歷山大大帝手下。宏偉的古蹟讓波斯波利斯在 1979 年被列為世界文化遺產之一。

伊朗古名「波斯」，讀過歷史的人，應該都對波斯文明不陌生。大流士和薛西斯在位期間，是波斯帝國的全盛時期，其疆域擴及歐、亞、非三大洲，是一個世界性的大帝國，也在此時期建造出三座宏偉的都城：帕薩爾加德（Pasargadae）、蘇薩（Susa）和波斯波利斯（Persepolis）。

波斯波利斯都城建立在 15 公尺高的平台上，平台長 460 公尺，寬 275 公尺，由西北端的大階梯出入。這座大階梯寬 7 公尺，共有 111 級，騎馬也可循階入城。大流士及其後繼者在平台上建造一系列精美絕倫的城門、皇家宮院和廳室，包括萬國門、謁見殿、百柱廳、大流士宮、塞克西斯宮、財政庫等。

爬上大階梯後，首先映入眼簾的是神殿入口，稱作萬國門（Gate of All-Lands）。當時外國使節要到這座帝國首都進貢，都會通過這道高達 18 公尺的大門，再進入阿帕達納宮（Apadana Palace，又稱謁見殿）。萬國門入口前的大階梯兩側牆面，刻有 23 個民族朝貢隊伍的浮雕像，人物形象生動，充分反映出波斯帝國繁榮的景象。雖然現今只剩下殘破的遺址，卻不難想見其全盛時期的雄偉壯闊，堪稱波斯帝國最璀璨的都城。

伊瑪目廣場

登錄名稱：Meidan Emam, Esfahan
地理位置：伊斯法罕
登錄時間：1979 年　興建時間：17 世紀

世界最美的第二大廣場

這座充分表現薩法維王朝阿巴斯大帝雄心壯志的伊瑪目廣場，建於 17 世紀，位於伊朗的伊斯法罕市中心。廣場呈長方形的，長 500 公尺，寬 150 公尺，著名的古建築群就在廣場四周，包括南面的伊瑪目清真寺（Imam Mosque）、東面的羅特夫拉清真寺（Lotfollah Mosque）、西面的阿里卡普宮（Ali Qapu Palace），充分反映出當時波斯人的社會與文化生活水準。1979 年，聯合國教科文組織將伊瑪目廣場列入世界文化遺產。

伊瑪目廣場為世界第二大廣場，僅次於中國北京天安門廣場。其中最令人注目的焦點，無疑就是伊瑪目清真寺，又稱「國王清真寺」。它的規模相當宏大，入口即是貼著藍色磁磚的伊萬門（Iwan），這種大門從外面看起來像是一個長方形，走到下方會發現，裡面其實藏著巨大的伊斯蘭尖拱，上面有非常炫麗的蜂巢造型結構，並且鋪滿漂亮圖案的瓷磚。伊萬門是伊朗清真寺的重要特色，後來還東傳到印度的蒙兀兒帝國，在泰姬瑪哈陵也可以看得到。

廣場東面是提供王室女性專用的羅特夫拉清真寺，這座起建於西元 1602 年的清真寺和其他的不一樣，並沒有宣禮塔，和廣場南面的伊瑪目清真寺相比也略為遜色。為了保護在禮拜中的王室女性，需經過一條幽暗彎曲的走廊，才可進入禮拜正殿。禮拜正殿牆上的馬賽克磚工藝技術非常精湛，一組一組的馬賽克圖案由大至小、從底向圓頂中心靠攏，有條有理、一絲不苟。位於廣場西側的阿里卡普宮，則是阿巴斯大帝和后妃們居住的地方。

婆羅浮屠

登錄名稱：Borobudur Temple Compounds
地理位置：中爪哇省
登錄時間：1991 年　**興建時間**：8 ～ 9 世紀

世界上最大的佛寺

　　婆羅浮屠是位於印尼中爪哇省的一座大乘佛教佛塔遺跡，距離日惹市西北約 40 公里，9 世紀興建完成時，是世界上最大型的佛教建築物。其周圍有四座火山，曾因火山爆發導致被火山灰淹沒於叢林之中，直至 19 世紀才被發掘。1991 年，它名列聯合國教科文組織的世界文化遺產，被稱為世界七大奇蹟之一，並與中國的萬里長城、印度的泰姬瑪哈陵和柬埔寨的吳哥窟並稱為「古代東方四大奇蹟」。2012 年，更被金氏世界紀錄確認為當今世界上最大的佛寺。

　　相傳婆羅浮屠建造於 8 ～ 9 世紀，可能是由當時統治爪哇島的莎蘭達（Sailendra）王朝三位國王，歷時 75 年完成。傳說印度的阿育王曾把釋迦牟尼佛的舍利分成八萬四千分，分散到世界各地埋葬。印尼的夏連特拉王朝為了收藏釋迦牟尼佛的真身舍利，動員幾十萬人，才完成這座巍峨壯麗、規模宏偉的建築物。

　　「婆羅浮屠」梵文的意思是「山丘上的佛塔」，為印尼佛教建築和雕刻的經典，外觀看起來是一座巨大的金字塔，壯觀的建築、浩大的工程，被譽為南半球最大、最老和最壯觀的古蹟。婆羅浮屠長寬各 123 公尺、高32.5 公尺，上下共九層，呈現金字塔形，底下六層為方形台階，每層外圍的迴廊都刻滿浮雕，總長度達 2.5 公里，迴廊浮雕依佛教中的「欲界」、「色界」和「無色界」展現，從已被覆蓋的底層開始，先是較生活化的畫面，然後第一層是佛祖的誕生和生平故事，接著幾層是一些佛經中的情節。從底層沿迴廊接續往上走，恍如從塵世走向極樂世界的過程。

普蘭巴南神廟

登錄名稱：Prambanan Temple Compounds
地理位置：日惹特別行政區
登錄時間：1991 年　**興建時間**：9 世紀

東南亞最大印度教廟宇

位於印尼中爪哇省的普蘭巴南神廟，距離日惹（Yogyakarta）市約 18 公里，是印尼最大的印度教建築。它的獨特之處在於高聳的尖頂建築、印度教建築的典型風格，和高達 47 公尺的中心建築，是一處很重要的爪哇歷史遺址。1991 年，普蘭巴南神廟被聯合國教科文組織登錄為世界文化遺產，也是東南亞最大的印度教廟宇。

普蘭巴南神廟建於西元 9 世紀，也稱為 Lorojonggrang 神廟，這是一位古代公主的名字。相傳大力神想娶公主為妻，但公主不願意，就要求他一夜建造 1000 座神廟。大力神得到朋友的幫助，在天亮前建好了 999 座。於是公主急忙學雞叫，催促黎明到來。大力神情急之下就把公主變成一座神廟，終於湊成 1000 座。由這個傳說可以窺見，普蘭巴南神廟全盛時期規模之宏大。

普蘭巴南有三個院子，總共 240 座寺廟，大小廟宇分散在中間和內層大院上。廟宇群依印度教廟宇傳統風格而建，形成外面低中心高的格局。中心區是祭祀印度教三大主神的三大神廟，中間最高的是破壞神濕婆（Shiva）神廟，南、北分別為創造神大梵天（Brahma）神廟和保護神毗濕奴（Vishnu）神廟，四周還有一些其他神祇的較小廟宇。中心院落裡最高的濕婆神主殿高 47 公尺，牆壁上裝飾的圖案取材自山川、蓮花、奇異的動物和人物、仙女等，葉片和枝條彎曲纏繞於各種圖案之間，整座建築營造出一個夢幻般的神仙世界。經歷時光滄桑，傳奇卻始終未曾消逝、依舊鮮活如昨，靜靜等待人們前往探索。

登錄名稱：Khajuraho Group of Monuments
地理位置：中央邦
登錄時間：1986 年　興建時間：10 ～ 11 世紀

性愛雕刻之城

卡朱拉荷位於印度首都新德里東南方 620 公里，這裡的寺廟群因為布滿驚世駭俗的性愛主題雕刻而聞名於世，其中最引人注目的是有「性廟」之稱的西廟群和魔性十足的耆那教東廟群。1986 年，被聯合國教科文組織列入世界遺產，也被稱為印度的「七大奇蹟」之一。

建於 10 ～ 11 世紀的卡朱拉荷，曾是昌德拉王朝（ChandelaDynasty）的首都。昌德拉王朝之所以又被稱為「月亮王朝」是因為當地流傳著一個月神的傳說。相傳卡朱拉荷有個叫拿勒斯的祭司，生了一個容貌美麗的女兒，驚動了月神，月神放棄神仙的身分來人間與她相愛，繁衍了許多子孫。所以，今日的卡朱拉荷居民都稱自己為月神的後代。

在昌德拉時期建造的 85 座廟宇中，保留至今的只有 22 座，分布於方圓 6 平方公里的範圍內。現存的 22 座古廟可分為東群、西群和南群三部分：西群雄渾精麗、東群器宇軒昂、南群雕刻精湛，是價值高超的建築藝術傑作。這些神廟的建築風格基本上差不多，裝飾繁複的主建築建在高高的基座上，頂部是集束型、帶有曲線的尖塔。寺廟的材質是紅砂岩質地的石塊，最高之處達 35 公尺，令人驚奇的是，所有建築物都沒有使用水泥。

其中，縱深 30.5 公尺的瑪哈戴瓦神廟建於 1025 年左右，是寺廟群中最大的一座，外牆上的 872 座雕塑將女性的美和性愛技藝表現到了極致，代表著印度昌德拉建築風格的頂峰。卡朱拉荷的女性雕像不但豐乳肥臀、曲線優美流暢，同時神態各異、姿態萬千。每一座雕像都唇角微揚、醉眼如絲，彷彿在陽光下媚笑。

在卡朱拉荷，引起最多爭議的是各種不同姿勢的性愛雕像。

阿姜塔石窟

登錄名稱：Ajanta Caves
地理位置：馬哈拉斯特拉邦奧蘭加巴德市
登錄時間：1983 年　**興建時間**：西元前 2 世紀～西元 7 世紀

從峭壁岩石中雕塑出來的廟宇

以古代佛教壁畫與雕刻聞名於世的阿姜塔石窟，位於印度西南部奧蘭加巴德的瓦古爾納河谷，是在距離谷底 76 公尺的懸崖峭壁上開鑿而成的一處佛教廟宇，也是印度最大的石窟遺址，共有 29 座洞窟，大約建於西元前 2 世紀至西元後 7 世紀期間。石窟始建時，正值阿育王時代。石窟內的壁畫及雕塑被視為是佛教藝術及世界繪畫藝術的經典。1983 年，聯合國教科文組織將它列入「世界遺產名錄」。

「阿姜塔」一詞源於梵語「阿瑾提那」，意為「無想」。相傳孔雀王朝時期，尊崇佛教的阿育王曾派遣高僧到此弘法並開山鑿室，歷經數百年終成一處綿延五百多公尺的宏大伽藍，吸引來自世界各地的朝聖者。西元 7 世紀印度佛教鼎盛時代，唐代著名的玄奘大師周遊印度各地時，就曾到訪過這裡，並在阿姜塔石窟修道、講學。他在《大唐西域記》中曾經描述過阿姜塔石窟的盛景。

石窟主要有舉行佛教儀式的支提（chaitya，塔廟之意），以及供僧侶修行用的毗訶羅（vihara，精舍、僧房之意）兩種類型，共有 29 座石窟。每個石窟的大小不一，最大可達 15 公尺左右，一般是方形的。內部裝飾差別很大，有的簡單、有的富麗，有的帶有門廊。每個石窟都有一個廳堂，在早年「部派佛教時期」的洞窟裡不一定有佛龕，因為那時洞窟主要用於居住和集會；後期佛龕常見於後牆，一般塑有說法相（又稱持法輪印）的佛像。在最近期的洞窟裡，兩側的牆上、門廊上、前庭也出現佛像。洞窟的正面一般都裝飾有雕刻，內牆和天花板則裝飾有壁畫。

泰姬瑪哈陵

登錄名稱：Taj Mahal
地理位置：北方邦阿格拉市
登錄時間：1983 年　興建時間：1632 年～ 1654 年

世界最美的陵墓

　　1983 年入選文化類世界遺產的泰姬瑪哈陵，位於印度北方邦阿格拉，竣工於 1654 年，是一座用白色大理石建造的美麗陵墓。它是印度第一個世界遺產，也是印度最負盛名的建築之一，除了建築本身令人驚艷讚嘆之外，背後的浪漫愛情故事更是淒美動人，一般被廣泛認為是「印度穆斯林文化」的建築。

　　泰姬瑪哈陵是蒙兀兒王朝第五代皇帝沙迦罕，為了紀念第二任妻子而興建的陵墓。相傳沙迦罕王的第二任妻子姬蔓・芭奴，為他生下 14 個孩子後難產而死，自此沙迦罕王許諾不再娶妻，並依愛妃臨終之願，為她建造一座美麗的陵墓。泰姬瑪哈陵從西元 1632 年開始建造，依傍著亞穆納河（Yamuna River）的轉彎處，歷時 22 年才完工。印度詩人泰戈爾曾用「臉上永恆的淚珠」來形容泰姬陵所代表的淒美愛情。

　　占地甚廣的泰姬瑪哈陵，由前庭、正門、蒙兀兒花園、陵墓主體以及兩座清真寺所組成。陵墓主殿四角都有圓柱形高塔一座，特別的地方是每座塔均向外傾斜 12 度，若遇上地震只會向四方倒下，而不會影響主殿。泰姬陵的建築概念，來自平衡、對稱，並且與數字 4 有關；在伊斯蘭教信仰中，4 象徵著神聖。

　　建築師以白色大理石為主體，點綴以翡翠、瑪瑙、美玉等來自世界各地的稀有珠寶，讓遠觀莊嚴優雅的泰姬瑪哈陵，近看又華美至極。建物高約 6、7 公尺，圓形頂的主體，面面彩光，遠望高聳入雲的泰姬陵如幻似真，彷彿見證舉世無雙的帝王愛情。

愛羅拉石窟

登錄名稱：Ellora Caves
地理位置：馬哈拉斯特拉邦奧蘭加巴德市
登錄時間：1983 年　興建時間：7 ～ 11 世紀

印度岩鑿神廟的頂峰

愛羅拉石窟位於印度中部重鎮奧蘭加巴德，在愛羅拉一座南北走向的新月形火山岩山麓陡坡上，陸續開鑿了 34 座石窟，其中佛教石窟 12 座、印度教石窟 17 座、耆那教石窟有 5 座，分布區域全長約 2 公里，建於西元 7 ～ 11 世紀時期，也就是早期遮婁其王朝、羅濕陀羅拘陀王朝時期的宗教建築，以雕刻著稱於世，形式上呈現出大乘佛教末期的特徵。1983 年，聯合國教科文組織將它們一起列入「世界遺產名錄」。

這些石窟群的獨特之處在於，它是人們由上往下而修建的，並非一般的由下往上修建而成。工匠們將約五層樓高、半個足球場大小的玄武岩山峰，活生生地由上往下劈出一座寺廟。在全部 34 座石窟中，最南端的第 1 窟到第 12 窟為佛教石窟，裡面有寺院、佛像、講經堂等，主要的雕像是釋迦牟尼。其中最著名的是第 10 窟的維什瓦卡爾馬窟（Visvakarma）。

此外，印度教石窟共有 17 座，編號為第 13 至 29 窟，其中位於 16 號窟的凱拉薩神廟是最耀眼的明珠。整座神廟是鑿空山崖峭壁的一面雕刻而成，呈現出天人合一的完美景致，可謂鬼斧神工，被譽為「印度岩鑿神廟的頂峰」、「岩石的史詩」。

最後，編號第 30 至 34 窟的耆那教石窟，形式上仿照印度教石窟，但規模不如其宏偉壯麗。其中第 32 窟的因陀羅瑟帕（IndraSabha），建築雕刻最為精美華麗，在雙層列柱大殿的壁龕中，刻有一尊高達 17 公尺的尼犍子石雕像，即為耆那教創教始祖筏馱摩那的石雕。雕像坐於蓮花台上，蓮花台下有金剛座，為印度耆那教第 22 代祖阿利濕塔米內的作品。

簡塔・曼塔天文台

登錄名稱：The Jantar Mantar, Jaipur
地理位置：拉賈斯坦邦的齋浦爾
登錄時間：2010 年　興建時間：1728 年

全世界最大的石製日晷

　　簡塔・曼塔天文台位於印度拉賈斯坦邦的齋浦爾，興建於 18 世紀初，由 19 部以固定裝置為主體的天文儀器所組成，是目前已知石造觀測建築中的不朽傑作，擁有許多獨一無二的特色。設計上採用以肉眼進行天文觀測的方式，具有許多創新設計，它是印度最重要、也是保存最完好的古代天文台，充分展現蒙兀兒時代末期對宇宙的認知觀念以及探究天文的能力。2010 年，被聯合國教科文組織評定為世界文化遺產。

　　建於西元 1728 年的簡塔・曼塔天文台，是由一位熱愛天文的君王傑辛格二世所建。這位印度天才，對數學和天文學尤其感興趣，他一共為印度建立五座天文台，分別位於德里（Delhi）、瓦拉那西（Varanasi）、烏加因（Ujjain）、馬圖拉（Mathura）及齋浦爾（Jaipur），有些目前已經找不到蹤跡。而齋浦爾是其中規模最大的，也是至今仍在使用的天文台。

　　簡塔・曼塔天文台裡有眾多建築，每座建築就是一個巨大的儀器。每座觀測建築看起來皆頗具現代感，且都具有天文時間功能。日晷、星座儀、子午線儀、黃道儀和天體經緯儀，每一個儀器都有它獨特的用途，可以測量星星的位置、高度和方位角，修正曆法、預測月食和日食。而天文台中所用的每一項器具，到目前為止都還可以被占星學家及天文學家所使用，不禁令人對古人的智慧讚嘆不已。天文台中的薩穆拉日晷（Samrat Yantra）是世界上最大的石製日晷，它擁有一個呈 27 度角、27 公尺高的晷針，而這個數字正好是齋浦爾的緯度。它所投射的陰影每小時會移高 4 公尺，可以協助計算當地時間和子午線時間。

勒那河柱狀岩自然公園

登錄名稱：Lena Pillars Nature Park
地理位置：薩哈共和國（雅庫特）中部的勒那河畔
登錄時間：2012 年

高達 100 公尺的罕見自然岩柱群

　　勒那河柱狀岩自然公園，位於俄羅斯聯邦薩哈共和國中部的勒那河畔，也稱作勒那河風蝕柱自然公園。勒那河全長 4400 公里，是世界第十長河流，發源於貝加爾湖畔的雪峰，流經東西伯利亞茂密的原始森林，最後流入北冰洋拉普捷夫海。公園裡的岩柱是一種獨特的地球地質歷史的天然產物，這些神奇而罕見的石柱高達 100 公尺，沿勒那河畔綿延 40 公里。2012 年，以其獨特的自然景觀被列入「世界遺產名錄」。

　　美麗岩柱是該地區極端大陸性氣候下的產物，夏季氣溫可高達40℃，冬季則可降到零下 60℃，正是這種巨大溫差才形成勒那河岸上高達 100 公尺的自然岩柱。它們直聳天空，非常壯觀，像柱子、柱廊、角樓、拱門、教堂、尖塔、競技場，以及一些動物的形狀。未曾間斷的冰凍和解凍，使得這些柱狀岩擁有如今的嶙峋感，也讓這些柱狀岩被深壑給分隔開來。

　　此外，在公園底下還有震旦紀的 4 個地層，它們的年齡為五億三千萬年。這些岩層的顯露程度和震旦紀岩石在地表上所形成的「露頭」（地球表面突出可見的岩床或表面沉積物），是非常獨特而罕見的現象，使得這些沉積岩層比較容易被專家進行各項研究，地球上其它地方的震旦紀岩層，則沒有這種類似露頭的東西。公園內的地層中還包含有大量的寒武紀生物化石遺跡，而且這些動物化石尚處於良好的完整狀態，其中有一些生物是這裡所獨有。

028 柬埔寨 文化遺產 吳哥窟

登錄名稱：Angkor
地理位置：暹粒省
登錄時間：1992 年　興建時間：9 世紀～ 15 世紀

雕刻出來的王城

吳哥窟位於東南亞中南半島的柬埔寨西北方暹粒省（Siem Reap），被稱作柬埔寨國寶，分成大吳哥（Angkor Thom）與小吳哥（Angkor Wat），以宏偉建築與細緻浮雕聞名於世，是世界上最大的廟宇，同時也是世界上最早的哥德式建築，有「雕刻出來的王城」之稱。1992 年，聯合國教科文組織將吳哥遺址列入世界文化遺產。

大吳哥是吳哥王朝的都城，從西元 9 世紀建到 15 世紀，歷代國王不斷擴建，主要是國王居住的王城。最具代表性的建築就是位於都城中央的巴戎寺（Bayon），是吳哥王朝改信佛教後所興建，寺中有 49 座高塔，塔的四面皆有微笑的佛陀像，幾乎在任何角度都可以看得見佛陀的淺淺微笑，如同看顧云云眾生，讓吳哥窟另有「微笑高棉」之稱。

而吳哥遺址中最受歡迎的小吳哥，則是世界上最大的廟宇，也是國王的陵寢。東西向 1500 公尺長，南北向 1300 公尺寬，外面還有 190 公尺寬的護城河，是高棉人在吳哥王朝全盛時期所遺留下來的不朽宗教建築。難以計數的雕刻滿布於迴廊、門窗、石塔，尤其是畫廊的石壁上，精細雕刻出印度著名的梵文史詩和吳哥王朝的歷史片段，「雕刻出來的王城」美譽實至名歸。

此外，位於吳哥古蹟的塔普倫廟（Taprohm Temple），是一座處處充滿仙女石雕、蛇樹盤根的古寺廟，據說是吳哥王朝的國王闍耶跋摩七世為他的母親所修的寺院，殿內所供奉的智慧女神 Prajnaparamita，就是依照其母形象所雕塑而成。這裡也是電影《古墓奇兵》的戶外拍攝場景之一。

阿育他亞古城

登錄名稱：Historic City of Ayutthaya
地理位置：素可泰與甘烹碧府
登錄時間：1991 年　**興建時間**：1350 年

最空靈的泰國古城

　　阿育他亞古城位於泰國大城府（阿育他亞府），為阿育他亞王朝國都遺址所在地。華人習稱為「大城」，始建於 1350 年，面積只有不到 15 平方公里，卻是一座歷史悠久的古城，坐落在湄南河畔，距離曼谷僅 10 公里，有「東方威尼斯」美譽。1991 年被聯合國教科文組織列為世界文化遺產，與柬埔寨吳哥窟和印尼婆羅浮屠並稱為東南亞「三大古都」。

　　「大城」是泰國歷史上繼素可泰之後的第二個國都，在 14 世紀～ 18 世紀時極為繁榮，是當時世界上最國際化的城市之一，也是重要的全球外交和商業中心。不過，1765 年泰緬戰爭爆發，緬甸軍隊圍困大城長達 14 個月，最後終於在 1767 年攻入城內，三萬多名泰國人淪為俘虜。緬軍放火焚燒民居、寺廟和王宮，搜刮財物，並大肆屠殺拒絕供出財物埋藏地點的俘虜，在長達 15 天的燒殺擄掠之後，阿育他亞幾乎被夷為平地，建築物毀壞殆盡，廢墟保留至今成為考古學遺址，只剩下斷壁殘垣還能讓人得以窺見曾經的輝煌身影。

　　大城最廣為熟知的標誌「樹抱佛」位於瑪哈泰寺（Wat Mahathat）。這座寺廟建於西元 1374 年，由包洛瑪拉加一世開始興建，一直到拉密蘇王在位時才完成。當緬甸軍攻破大城後，為了掠奪佛像和佛塔外表的黃金，不惜用大火焚燒，直到黃金與石材分離，因此造成大城許多古寺的佛像都是無頭狀態，而「樹抱佛」的樹中佛頭，就是佛像身首分離之後，留在原處的佛頭經過數百年被一棵菩提樹包圍起來的奇觀，也充分體現其背後的文化傳統與歷史淵源。

紐西蘭 **複合遺產** # 東加里洛國家公園

登錄名稱：Tongariro National Park
地理位置：陶波湖南邊
登錄時間：1990 年　**興建時間**：1894 年成立國家公園

毛利人的聖地

　　東加里洛國家公園範圍涵蓋三座火山群，分別是諾魯赫伊山（Mt. Ngauruhoe）、魯阿佩胡山（Mt. Ruapehu），以及東加里洛山（Mt. Tongariro），紐西蘭原住民毛利人將這三座山視為神聖的土地。19 世紀時入侵者英國政府通過當地的土地私有化法案，毛利人部落族長憂心這片土地日後若是可以買賣開發，完整性與自然面貌將會蕩然無存，因此 1887 年忍痛決定將這塊占地 7 萬公頃的區域，全部捐贈給殖民統治者英國女王，於是 1894 年此處成為紐西蘭的第一座國家公園，原始風景也得以保存。

　　「東加里洛」在毛利語中是「南風侵襲」之意，屬於毛利人文化與宗教的聖地，由火山群形成的壯麗山脈，是毛利人族群代代流傳的神話故事背景。其中海拔達 1967 公尺的東加里洛山，雖然是三座山裡高度最低，健行步道卻最受訪客歡迎，沿途經過南火山口、中央火山口與紅火山口等三個火山口，還可以欣賞火山口的火山湖、過往火山噴發時形成的荒原，以及壯觀的冰河谷等景色，山頂則可眺望附近的諾魯赫伊山。

　　這座國家公園有著壯觀的火山相關地形，動植物生態環境也非常豐富。火山群附近的坡地，有紐西蘭境內特有生物短尾蝙蝠和長尾蝙蝠在此出沒，這裡也是多種野生動物和鳥兒的家園，例如住在森林中的鈴鳥、摩雷波克貓頭鷹等當地特有鳥類，以及紐西蘭特有的鷸鴕（Kiwi）活躍於此，山頂附近常見的鳥兒則是南方黑背海鷗。此外，愛鳥人士經常在溪流與湖畔守候，只為了有機會親睹已經瀕臨絕種的藍鴨蹤影。

031 紐西蘭 自然遺產 蒂・瓦希普納穆公園

登錄名稱：Te Wahipounamu – South West New Zealand
地理位置：南島西南部
登錄時間：1990 年

綠色桃花源

　　位於紐西蘭南島西南部的蒂・瓦希普納穆公園，由四個國家公園共同組成，從 450 公里長的西海岸，向內陸延伸 40 至 90 公里，範圍涵蓋庫克山國家公園（Mount Cook National Park）、峽灣國家公園（Fiordland National Park）、阿斯帕林山國家公園（Mount Aspiring National Park），以及西部泰普提尼國家公園（Westland Tai Poutini National Park），面積廣大達 260 萬公頃，占紐西蘭領土的十分之一，境內受到冰河作用，形成峽灣、岩岸，以及湖泊瀑布等壯麗地形。

　　庫克山國家公園的訪客，多是從胡克谷步道（Hooker Valley track）等步道健行，沿途眺望胡克山谷、穆勒冰河（Mueller Glacier）與冰河湖，以及周圍群峰景觀。峽灣國家公園是紐西蘭占地最廣的國家公園，園內三分之二是森林區，以原始山毛櫸和羅漢松為主，森林的居民有鴞鸚鵡（kakapo）、鷸鴕（Kiwi）等珍稀鳥類。

　　目前數量僅剩百來隻的鴞鸚鵡，長相是鸚鵡、雞和貓頭鷹的綜合體，牠們晝伏夜出，是世界上唯一不會飛行的鸚鵡，目前紐西蘭政府正在努力復育中。身材粗短、有長尖嘴的鷸鴕，又稱奇異鳥，牠們是紐西蘭的特有鳥類，也是紐西蘭的國鳥和象徵，同樣面臨絕種危機。

　　位於南阿爾卑斯山脈的阿斯帕林山國家公園，園內有高山、河谷、湖泊等景觀，此處盛行的是登山與滑雪活動。西部泰普提尼國家公園則擁有豐富多樣的景觀，也是一些珍稀動物的棲息地，此處共有六十多條冰河，較著名的是福克斯冰河和法蘭士約瑟夫冰河。

姆魯山國家公園

登錄名稱：Gunung Mulu National Park
地理位置：婆羅洲島砂勞越
登錄時間：2000 年　**興建時間**：1974 年成立國家公園

世界最大的天然洞穴

　　成立於 1974 年的姆魯山國家公園，位於馬來西亞砂勞越東北部，又稱姆魯洞國家公園，共占地 52866 公頃，由於面積廣大，目前僅開放鷹洞、鹿洞、風洞、清水洞及月亮洞以方便管理。園內以天然鐘乳石洞穴、尖山、蝙蝠及熱帶雨林等自然景觀聞名於世，更因奇特的石林景觀，於 2000 年被聯合國教科文組織列為世界自然遺產。

　　姆魯山國家公園全區共有 7 個植物園區，包含 3500 種植物。此外，還有豐富的棕櫚樹種，已鑑定出的 20 屬當中，這裡就有 109 種。國家公園內，聳立著 2377 公尺高的砂岩山峰——姆魯山。地下則有壯麗景色的洞穴奇景，園內共發現至少 295 個地下洞穴，洞內有百萬隻的穴居生物及蝙蝠在此繁衍。長 600 公尺、寬 415 公尺、高 80 公尺的砂勞越洞窟（Sarawak Chamber）是目前全球最大的天然洞穴，其空間可以容納 40 架波音 747 客機。

　　此外，姆魯山公園裡的鹿洞（Deer Cave）規模之巨也屬世上罕見，是目前已知的世界最大洞穴通道，最寬闊處有 174 公尺乘以 122 公尺，大得可讓一部 747 客機輕易飛進。清水洞（Clear Water Cave）的深度在東南亞也是首屈一指。巨洞中每每棲息著成千上萬的蝙蝠和金絲燕，每天黃昏都能看見牠們傾巢而出，鋪天蓋地蔚為壯觀。而喜歡戶外活動的人，一定得前去參觀雄奇的熱帶石灰岩風化石林，巨大的石柱如刀如劍、壁立直削，因而得名尖峰石林（The Pinnacles）。從度假區徒步走去往往需要數日，不過終點的奇景絕對值得沿途的跋涉。

033 斯里蘭卡 文化遺產 錫吉里耶古城

登錄名稱：Ancient City of Sigiriya
地理位置：中央省馬特萊區
登錄時間：1982 年　興建時間：478 年

獅子岩上的世界第八大奇蹟

錫吉里耶古城位於斯里蘭卡中央省馬特萊區丹布勒鎮附近，是一座古代宮殿，在居高約 200 公尺的「獅子岩」上，以錫吉里耶壁畫聞名於世。19 世紀中葉，古城被狩獵的英國人發現，從此不但備受考古界的重視，更被譽為世界第八大奇蹟。1982 年，錫吉里耶古城正式被列入世界文化遺產，是斯里蘭卡首批成為文化遺產的古蹟之一，與同為世界自然和文化遺產的印尼婆羅浮屠、柬埔寨吳哥窟和印度阿姜塔石窟齊名。

相傳西元 478 年，斯里蘭卡出了一位聲名狼藉的皇帝──卡西雅伯，他並非正室所生的兒子，為了登上王位，不惜殺害兄弟、弒父篡位；兄長莫加蘭為了保命，便逃亡至印度。由於始終害怕兄長回來復仇，卡西雅伯特別命人在 200 公尺高，而且極為陡峭的獅子岩山頂，興建一座易守難攻的宮殿。由山腳向上眺望，整座宮殿就好像坐落在半空中的天空之城，雖然位置險要，可惜卡西雅伯最終仍難逃兄長莫加蘭回來復仇的命運。

這座古城由一連串磚塊和灰泥所建造的長廊及樓梯、從巨大獅嘴中延伸出來，成為到達遺址的通道。超過千級的石階依山開鑿而建，坡度相當陡峭，山腰峭壁之上聳立一堵牆，牆身光滑閃亮，故有「鏡牆」之稱，即使經歷千百年風吹雨打，仍不失其光亮。鏡牆上方的峭壁，保留斯里蘭卡唯一流傳下來的非宗教題材壁畫，據說原本共有五百多幅，現僅倖存二十多幅。壁畫全部以上身半裸的女性為題材，身材豐滿、腰肢纖細，相傳是皇帝卡西雅伯命人依自己的妃嬪繪製而成，已被列為古東南亞四大藝術奇蹟之一。

著名的錫吉里耶壁畫

034 越南 自然遺產 下龍灣

登錄名稱：Ha Long Bay
地理位置：廣寧省
登錄時間：1994 年

石灰岩地形造就的海上桂林

下龍灣位於越南東北部的廣寧省下龍市，為典型喀斯特石灰岩地貌。由於下龍灣中的小島都是鍛石岩小山峰，近兩千個大大小小的島嶼錯落有致地分布在一千五百多平方公里的海灣內，形式各異、景色優美，與桂林山水有異曲同工之妙，因此有「海上桂林」之稱。1994 年，聯合國教科文組織將其列入世界自然遺產；2011 年更獲選為世界七大奇景之一。007電影《明日帝國》及法國電影《印度支那》均在此地進行外景拍攝。

下龍灣的越南語是「Vinh Ha Long」，意為「龍下海之處」。傳說在很久以前，人們曾飽受外敵侵略之苦，於是上天派神龍下凡，吐出龍珠協助越南民眾抵抗外侵，結果龍珠落入海中化為岩石，留下石灰岩構成的大小島嶼，形成自然防衛，進而驅逐外患，解除被入侵的危機。此外，也有一說是有白龍經過下龍灣時，被當地風光吸引，所以留在此地戲水，陣陣水波形成了千座小島，因此有下龍灣之名。

大自然的鬼斧神功將山石、小島雕鑿出各種形狀，有的如直插水中的筷子，有的如浮在水面的大鼎，有的如高大的駿馬，有的如爭鬥的雄雞。最著名的蛤蟆島，其形狀猶如一隻蛤蟆端坐在海面上，嘴裡還銜著青草，栩栩如生。受到石灰岩地質作用，下龍灣的島嶼上藏著大大小小的溶洞，內有石柱、鐘乳石等自然奇觀。驚訝洞、天宮洞、迷宮洞、貞女洞及木頭洞是目前主要開放參觀的 5 座洞穴。驚訝洞入口離地約 120 公尺，看似不大，但是內部藏有 800 公尺長的參觀步道，洞頂最高可達 50 公尺高，若非親眼所見、令人難以想像。

越南 文化遺產 順化皇城

登錄名稱：Complex of Hué Monuments
地理位置：承天省順化市
登錄時間：1993 年　**興建時間**：19 世紀

平易近人的「小紫禁城」

　　順化皇城也稱「大內」，位於越南承天省順化市，坐落於順化古城中央，是越南阮朝的故宮。皇城的建造是以北京紫禁城為藍本，彷彿一座縮小版的北京故宮，故有「小紫禁城」的稱號。整個建築頗為壯觀，是越南現存最大、最完整的古建築群，1993 年已被聯合國列為世界文化遺產。

　　順化市（Hue）位於越南中部，1558 年至 1945 年約 400 年間，它先後是越南舊阮、西山阮和新阮的京城，是越南的三朝古都。19 世紀法國人入侵後，改為「承天省順化市」，現遺有皇城和皇陵等歷史遺跡。其中順化皇城位處香江河畔，建於 19 世紀的阮朝，所以又稱為阮朝皇城。不幸的是很多建築物已毀於戰火，現存建築不少是近二、三十年間所重建。

　　占地 8 平方公里的順化皇城，完全仿中國北京紫禁城打造，內有紫禁城，分成前朝後寢。前為皇帝平時處理政務的勤政殿，後為皇帝居住的乾成殿、皇后住的坤泰宮、皇太子居住的光明殿，以及其他后妃居住的順輝院等。皇城內還設有旗台、太和殿和太廟。太和殿是阮王朝皇帝登基或主持重要朝儀的地方；太廟則供奉祭祀著阮王朝的歷代皇帝。此外，正方形的皇城四周也有護城河，城牆每邊長五百餘公尺，有四座城門，前為「午門」，後為「和平門」，左稱「顯仁門」，右叫「彰德門」。其中位處南方的「午門」也是一處非常值得觀賞的景點。

　　可惜的是，1968 年順化皇城於順化戰役中毀壞，至今仍未完全修復，斷垣殘壁充分流露出歷史的滄桑感。雖然以建築的宏偉華美而論，順化皇城遠不及北京紫禁城，但也因此少了一種逼人氣勢，較為平易近人。

魯凱族好茶舊社

登錄名稱：Kucapungane
地理位置：屏東縣霧台鄉
登錄時間：2009 年入選「臺灣世界遺產潛力點」，2016 年入選「世界文物守護」名單

雲豹傳人的故鄉

　　屏東霧台鄉魯凱族傳統石板屋建築「好茶」聚落，被「世界建築文物保護基金會」（World Monuments Fund，簡稱 WMF）列入「2016 世界文物守護」（World Monuments Watch）名單，該年入選全球珍貴文化資產的守護名單共計 50 處，分布於全球 36 個國家，包含約旦佩特拉古城、義大利二戰集中營等。是臺灣繼 2004 年澎湖望安花宅之後，第二個受到 WMF 重視的文物遺跡。

　　位於屏東縣的好茶舊社，魯凱族語為「Kochapongan」，意指「雲豹的傳人」，在 1978 年遷村新好茶之前，是魯凱族生活與生產活動的重要場域。1991 年好茶舊部落被列為國定二級古蹟，也是唯一被指定的原住民文化資產聚落，2009 年更獲文化部遴選為「臺灣世界遺產潛力點」，此外屏東縣政府也於 2011 年登錄好茶舊社為文化景觀，傳統石板屋之建造技術亦依文資法列冊為「保存技術」項目。

　　早期部落大多以當地較易取得的材料搭建屋舍，而魯凱族聚落亦是如此。當地建材主要以石板及木材為主，搭建石板屋的石材需到盛產岩石的山溪旁邊採集，再用斧頭或鐵器剖成一片片之石板疊砌起來。因此魯凱族傳統家屋以木材為梁柱，以石板做屋頂和砌牆，並以石板鋪地，房舍外觀呈四方形，前牆的一端開門，前室有窗，並用石板砌床。室內冬暖夏涼，是實用又具特色的建築。

　　文化部 2017 年宣布開始啟動舊好茶石板屋的「10 年保護計畫」，舉辦各項傳統技術人才培訓課程、部落影音影像紀錄成果展，未來會陸續完

成步道整修、石板屋修復、人才培育、文化空間等規劃，以公部門和部落之力，一同為守護世界級珍貴文化資產而努力。

登錄名稱：Town of Luang Prabang
地理位置：龍坡邦省
登錄時間：1995 年　　**興建時間**：14 世紀起

東西風情並存的佛國古都

在 14 ～ 18 世紀間，依山傍河的龍坡邦是瀾滄王朝的首都，歷代國王都居住於此。此地有六百多處古蹟，是人類的文化寶藏，與周遭好山好水自然融合。聯合國教科文組織於 1995 年將其列入世界文化遺產名單。

龍坡邦是寮國歷史最悠久的城鎮，位於幽靜河谷的優良位置，宛如世外桃源，面積雖然不到 10 平方公里，在 1975 年君主制度被推翻前都是首都所在地。除了常見的寺廟與佛塔，城裡有著 19 世紀起法國殖民時期建造的西式洋房，建築保存狀態良好，東西風情在龍坡邦和諧並存。360°鳥瞰整個龍坡邦的最佳位置，是南康河與湄公河環繞的普西山（Phou Si Mountain），此處的觀景平台是觀賞日落美景的熱門景點，登頂遊客也會順道造訪山頂上一座興建於 1804 年的佛塔。

龍坡邦是信仰虔誠的佛都，幾百名僧侶每天清晨列隊上街托缽化緣，信徒則沿路布施食物。鎮內共有寺廟三十多座，其中建於 1560 年的香通寺（Wat XiengThong），被公認是寮國最美麗的廟宇，以獨特的建築外觀、堂皇華美的陳設、精美細緻的雕刻呈現寮國藝術和工藝之美。宏偉的大殿上，牆壁與梁柱以黑底加金飾，並且以裝飾華麗的柱子支撐覆有法輪的廟頂，廟內供奉金光閃閃的佛像。寺廟後方牆壁上有著馬賽克鑲嵌的「生命之樹」，栩栩如生描繪出佛經所敘述的人間、天堂與地獄景象。

建於 1513 年的維蘇那拉特寺（ThWisunalat），是此地最古老的寺廟，19 世紀時曾遭土匪縱火破壞，之後寺廟又重建修復。迄今仍香火鼎盛，是遊客必訪之處。

登錄名稱：Great Barrier Reef
地理位置：昆士蘭省的東邊海面上
登錄時間：1981 年　興建時間：1975 年成立國家公園

世界最大熱帶珊瑚礁群

無數的珊瑚蟲經歷 200 萬年到 1800 萬年的鈣化過程，在大堡礁形成世界最大的熱帶珊瑚礁群，即使在外太空也看得到。這裡有四百多種珊瑚，超過 1500 種魚類，以及海葵等 4000 種軟體動物。聯合國教科文組織在 1981 年將大堡礁列入世界自然遺產。

從昆士蘭的海岸線延伸超過 2000 公里，整個大堡礁的範圍涵蓋 900 個以上的大小島嶼，其中約有 300 個是珊瑚島。這裡是多樣性物種的棲息地，包括海牛與大海龜等多種瀕臨絕種的動物，是學者研究生物的天然場域，也是一般民眾的生態教室。每年的 11 月至隔年 3 月間，遊客會前往黑容島（Heron Island），見證海龜產卵孵化的過程。雖然大堡礁已受到保護，不過目前仍然面臨地球氣候變遷造成海水暖化，以及海洋汙染等各種環境破壞因素的威脅，2016 年發布的報告顯示海洋暖化引發大量珊瑚白化，可能導致大堡礁中北部的珊瑚礁毀滅殆盡。

這裡是全球熱門觀光景點之一，來訪的旅客以上天下海的方式，體驗大堡礁之美，全方位欣賞五彩繽紛的珊瑚景色，參與游泳、潛水、浮潛、滑水等水上活動，也可以搭乘玻璃船或是帆船欣賞海洋風光，或者在降靈群島（Whitsunday Islands）上空跳傘。搭乘小飛機俯瞰著名的自然奇景心形礁（Heart Reef），也是極受歡迎的行程。

大堡礁的戴恩樹雨林（Daintree），是想要一覽原始雨林的遊客必訪之處，戴恩樹雨林有著一億三千多年的歷史，是地球上最古老的雨林，這裡的動植物種類也是全球第一。

登錄名稱：Uluru-Kata Tjuta National Park
地理位置：新南威爾斯和昆士蘭州
登錄時間：1987 年

四百公尺高的紅色巨岩

　　位於澳洲紅土中心（Red Centre）的烏魯魯‧加他茱達國家公園，以烏魯魯與加他茱達兩個壯觀的地質構造聞名於世，距今 1 萬年前原住民阿南古族（Anangu）就已經定居在烏魯魯，此處也發現阿南古人祖先所留下的壁畫遺跡，歷史最久的距今已超過千年。1987 年被聯合國教科文組織列為兼具文化與自然條件的複合性世界遺產。

　　阿南古族自古稱此地為「烏魯魯」，不過 1873 年發現烏魯魯巨岩的地質學家威廉戈斯，將其命名為艾爾斯岩，之後澳洲政府決定採用當地原住民的命名加上英文名稱的雙名制，共同組成官方名稱，在 2002 年正式更名為「烏魯魯／艾爾斯岩」。

　　高達 348 公尺，周長 9.4 公里的烏魯魯，聳立在沙漠地形之間，是原始山脈被緩慢侵蝕後獨留下來的巨大石塊，由於形成烏魯魯的長石砂岩內部，鐵粉成分含量較高，經過風化作用後被氧化的鐵粉呈現紅色，因此烏魯魯的外觀是深紅色，色澤還會隨著光線與時間不同而有所差異。這塊巨岩每天顏色都變化多端，由粉紅到紫色，再轉為紅色，與天際色彩相互輝映，因此在日出與黃昏日落時段，特別吸引遊客駐足觀賞這場烏魯魯的光影色彩秀。也可以選擇另外搭乘直升機或是熱氣球，從空中欣賞烏魯魯雄偉壯麗的全貌。位於烏魯魯西邊 25 公里的「加他茱達」（Kata Tjuta），則是已有 5 億年歷史的巨大岩石地形。

　　1985 年 10 月，澳洲政府將烏魯魯的所有權歸還給當地的原住民，雙方簽訂聯合土地協議，租借期是 99 年，協議與原住民共同管理。

鴯鶓（Emu）

烏魯魯尤其是眾多鳥類的天堂，在此活動的鳥類超過 170 種，其他像是鴯鶓、袋鼠等動物在此區域內也相當活躍，沿著隆卡塔步道（Lungkata Walk）與卡尼亞步道（Kuniya Walk）等，則可近距離觀察到這些動物。

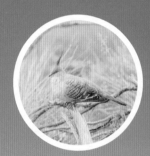

澳洲鳳頭鳩
（Crested Pigeon）

CHAPTER

2

北美洲

登錄名稱：Canadian Rocky Mountain Parks
地理位置：艾伯塔省和不列顛哥倫比亞省
登錄時間：1984 年

世界上面積最大的國家公園

加拿大洛磯脈山公園群，位於加拿大西南部的艾伯塔省和不列顛哥倫比亞省，面積 23401 平方公里，共包括 4 個加拿大國家公園：班夫國家公園、賈斯珀國家公園、庫特尼國家公園和幽鶴國家公園，是世界上面積最大的國家公園。公園群內群山並立，具有豐富的冰川遺跡和溫泉資源，以其壯麗迷人的自然景色、豐富多樣的野生物種而聞名世界。1984 年，列入聯合國教科文組織世界自然遺產名錄。

班夫國家公園（Banff National Park）建於 1885 年，是加拿大第一個、也是最古老的國家公園，面積 6666 平方公里。公園內有一系列的冰峰、冰河、冰原、冰川湖和高山草原、溫泉等景觀，奇峰秀水，居北美大陸之冠，被稱為「洛磯山脈的靈魂」。公園中部的路易士湖（Lake Louise），碧綠的湖水倒映著被維多利亞冰川所覆蓋的山，形成一幅絕世美景。

此外，賈斯珀國家公園（Jasper National Park）是加拿大洛磯山脈最大型的國家公園，位於艾伯塔省洛磯山脈最北邊，占地面積 10878 平方公里。洛磯山脈中最高的山峰、海拔 3954 公尺的羅伯森（Robson）即矗立於此。完全為了觀光目的而建的冰原大道（Icefields Parkway）連接班夫和賈斯珀國家公園，是洛磯山脈公園群內最長、也是北美景色最壯麗的一條公路。

洛磯山脈壯麗秀美的地貌孕育著多樣的植物，白楊、松、樅和雲杉圍繞著谷中波光粼粼的湖水，清澈的湖水倒映出巍峨的雪山，彷彿人間仙境，讓遊客一旦親臨，從此便難以忘懷。

大沼澤地國家公園

登錄名稱：Everglades National Park
地理位置：佛羅里達半島南端
登錄時間：1979 年

瀕危動植物的棲息樂園

這座位於佛羅里達半島最南端的國家公園，有著綠草之河（River of Grass）的稱號，位於海洋與淡水的交會處，生物資源豐富，形成於其間的紅樹林生態面積是西半球第一。這片大沼澤地是世界級的重要保育溼地，也是 30 種稀有物種的庇護所。

此處是北美地區白頭鷹等鳥類主要的繁殖地，橫跨亞熱帶和溫帶氣候，適合多種動植物生長，其中包括瀕臨絕種的佛羅里達山獅和海牛，以及水鳥、鱷魚、水獺等動物，周圍還有橡樹、八角蓮與野生橡膠樹等當地特有品種的植物。在 1979 年被聯合國教科文組織列為世界自然遺產。

雖然已經名列世界遺產，大沼澤地國家公園依然陸續遭遇巨大颶風而損失慘重。1992 年時速達到 270 公里的安德魯颶風襲擊，重創佛羅里達州，大沼澤地國家公園也遭到波及，而在 1993 年被聯合國教科文組織列入世界瀕危遺產的名單，雖然 2007 年曾經短暫除名，2010 年仍再次名列瀕危世界遺產名單之中。2005 年遭到威爾瑪颶風襲擊，使得公園內的火鶴保護區等區域一度關閉，經歷修復期後目前已陸續開放。

大沼澤地國家公園同時擁有溼地草原、針葉林、闊葉林以及藻類生態，景觀多樣，是高達四百多種鳥類以及爬蟲類的極佳棲息地。園區內設有多個入口，其中最熱門的是鯊魚谷（Shark Valley）與歐內斯特・科遊客中心（Ernest Coe Visitor Center）。此外，划獨木舟或是搭乘風力氣墊船行經大沼澤區域，近距離觀察活躍於淡水區域的短吻鱷與烏龜等生物的活動狀況等行程，也相當受歡迎。

042 美國 自然遺產 大峽谷國家公園

登錄名稱：Grand Canyon National Park
地理位置：亞利桑那州的可可尼諾郡與莫哈維郡
登錄時間：1979 年

世界七大自然奇觀之一

　　大峽谷國家公園位於美國亞歷桑納州西北部，面積 4932 平方公里，整個大峽谷分為南北兩部分，全年開放的峽谷南緣是訪客人數排名第一的景點。北緣海拔較南緣高 330 公尺，視野更為遼闊，但因為路途較遠與開放時間較少，遊客數量遠低於南緣。這座國家公園於 1979 年列入世界遺產，此處也是世界七大自然奇觀之一。

　　國家公園內最著名的景點是東西走向的大峽谷，由科羅拉多河與其支流穿鑿而成，峽谷為 V 字形，深達 1800 公尺，總長 446 公里，陡峭峽谷兩邊的岩石和土壤原本的顏色是紅褐色，隨著季節、天候和時間等因素影響，猶如玩起變色魔術，岩石的顏色在不同強度的陽光照射之下，會跟著變化出多種色彩，令人目眩神迷。此處亦有保存完整的垂直岩層，自谷底向上排列，所呈現的是億萬年以來北美大陸的地質變化，以及生物演化過程，讓遊客得以親眼見證這片土地的發展軌跡。

　　部分遊客會付費搭乘直昇機鳥瞰峽谷，國家公園全景盡收眼底。多數遊客則會選擇搭乘園內公車探訪峽谷，南緣的亞奇（ Yaki Point）、亞瓦派（Yavapai Point）等幾個景觀點，都是俯看峽谷絕景的熱門地點。在亞奇眺望科羅拉多河，可以聽見潺潺水聲；而亞奇與亞瓦派兩處，都特別適合觀賞峽谷的日出日落，如果日出後再多待一個鐘頭以上，就可以見到陽光打亮整個峽谷的景致。日落後的天際會陸續出現紅色、粉紅、橘色，最後才整個變黑，天黑後的大峽谷還有滿天星斗的美景可以欣賞。

043

美國
自然遺產

卡爾斯巴德洞窟國家公園

登錄名稱： Carlsbad Caverns National Park
地理位置： 新墨西哥州艾迪郡
登錄時間： 1995 年

大自然打造的地下宮殿

這座國家公園經歷地球冰河時期與多次氣候變遷，地表形成乾燥的奇瓦瓦沙漠（Chihuahuan Desert），地底下則演變成喀斯特地形，目前約有一百多個洞穴，面積 189 平方公里，洞穴內的年均溫約在 13 度左右，內部風貌有鐘乳石、石筍與石柱等石灰岩堆積物，是天然的地理教室，也是學者研究地球萬年以來地質變遷的最佳實驗室。

公園裡大部分的洞窟仍然保持在原始狀態，僅供地質學家和生物學家研究之用，只有少數洞窟有對外開放參觀，共規劃兩條步道提供遊客自行選擇。其中一條是「自然入口」（Natural Entrance Routes），從觀景台（Bat Flight Amphitheater）進入後步道呈 Z 字型，沿途經過惡魔之泉（Devil's Springs）、女巫的手指（Witch's Finger, Natural Entrance）等各具特色的鐘乳石，洞穴裡的居民除了無尾蝙蝠，還有其他 16 個物種的動物，到地底的路程約有 1.4 公里，另外設有直達地底 230 公尺深的電梯，不想走路的旅客與行動不便者都可使用。

「自然入口」的觀景台，是觀賞數十萬隻墨西哥無尾蝙蝠成群飛出的最佳位置，5 月中旬到 10 月中旬，大約每天日落前的一小時，會有數以萬計的蝙蝠陸續外出喝水和覓食，傾巢而出的場面極為壯觀。

抵達洞窟底部後，另有一條免費的步道提供旅客自由參觀，這條名為「巨室」（Big Room）的行程，全程將近 2 公里，是目前西半球面積最大的地下洞穴，沿途布滿鐘乳石，經由日積月累而形成的石幔，猶如一座大型的地底宮殿。著名景點有巨人大廳、太陽神殿、中國劇院等 50 處。

044 美國 自然遺產 夏威夷火山國家公園

登錄名稱：Hawaii Volcanoes National Park
地理位置：夏威夷州
登錄時間：1987 年

驚心動魄的活火山教室

整個夏威夷群島都是火山爆發之後所形成的地貌，夏威夷火山國家公園在 1987 年列為世界遺產，公園境內包含兩個世界上活動最頻繁的火山——馬納羅亞火山（Mauna Loa）與基拉韋厄火山（Kilauea），這兩座活火山還在繼續噴發，也使得此處地景仍然持續變化中。

數十萬年以來，這座國家公園的火山活動依然活躍，使得此處地貌變化豐富。夏威夷火山國家公園共有五座盾狀火山，其中馬納羅亞火山約在 40 萬年前露出海平面，海拔 4169 公尺，在夏威夷語裡是「長山」的意思，火山口「莫庫阿韋奧韋」面積約 10 平方公里，深度在 150～180 公尺之間，1832 年起平均約三年半噴發一次，噴發出的熔岩岩漿流動性非常高，流經面積達到 5120 平方公里。馬納羅亞火山多次噴發都在火山口附近，1950 年 6 月持續近 1 個月的噴發，曾經毀掉當地一座小村莊。專家推測此座火山將在 50 至 100 萬年後將停止噴發。

在夏威夷的古老傳說裡，基拉韋厄火山是由火山女神佩蕾（Pele）駐守，每當女神發怒時，火山就會爆發。這座火山目前是世界上最活躍的火山，來此觀光的旅客人數也是排名第一。光是上個世紀這座火山就有噴發 45 次的紀錄，是名符其實的活火山，因此此處的空氣裡，到處瀰漫著硫磺的氣味。

本世紀從 1983 年至今，火山活動依然相當頻繁，若是把岩漿等等所有的噴發物收集起來，換算成距離將能繞行整個地球 3 圈以上。最近一次大爆發時間，是在 2017 年 2 月，堪稱最驚心動魄的活火山教室。

045 美國 自然遺產 黃石國家公園

登錄名稱： Yellowstone National Park
地理位置： 懷俄明州、蒙大拿州、愛達荷州
登錄時間： 1978 年　**興建時間：** 1872 年成立國家公園

世界首座國家公園

　　面積約 8983 平方公里的黃石公園，1872 年由格蘭特總統簽署國會法案後成立，這是美國第一個國家公園，也是世界首座國家公園，1978 年名列世界自然遺產。每年有超過 200 萬名遊客造訪黃石公園，此處的特色是多樣野生動物與地熱資源，老忠實間歇泉（Old Faithful）則是最廣為人知的景點。

　　公園內有 5% 的面積是河流和湖泊，其中最大的黃石湖，海拔高度約為 2357 公尺，其他 80% 的面積則是森林，其餘多是草原，一些特有種植物也分布其中。這裡是美國本土最大的巨型動物居住地，是灰熊、狼與加拿大馬鹿的棲息地，野牛群的數量更是全美最大，海登谷地（Hayden）是野生動物愛好者必去的最佳觀察地點。

　　黃石火山在過去數十萬年之間，曾經歷三次大規模的爆發，熔岩通過火山口周圍縫隙釋放大量水蒸氣形成間歇泉，整座公園有 300 個間歇泉，比例占了全球三分之二。位於上間歇泉盆地的老忠實間歇泉，在 1870 年被探險家發現，目前這座間歇泉大約維持每 90 分鐘噴發一次的規律，噴發高度介於 32 至 56 公尺之間。

　　黃石河沖蝕火山岩，逐漸形成 V 字形的黃石大峽谷，雄偉的峽谷兩側是已經風化的岩壁，顯露朱紅和黃色等顏色，在陽光照射下格外耀眼；壯麗的上下瀑布（Upper and Lower Falls），由黃石河水侵蝕質地較軟的岩石形成，是黃石大峽谷的重要景點。捕捉大峽谷全景的最佳時間是早上 8 點到 10 點，早晨太陽照射整個峽谷，光與影的奇妙變化令人嘖嘖稱奇。

優勝美地國家公園

登錄名稱： Yosemite National Park
地理位置： 加州
登錄時間： 1984 年

大自然的巧手之作

優勝美地國家公園位於加州內華達山脈的中部，這裡的原住民是印第安部落的阿瓦奇人（Ahwahnechee），後來因為白人入侵，阿瓦奇人才被迫遷移。此處有著鬼斧神工的花崗岩峰、壯觀的大瀑布、湖泊溪流與占地廣闊的杉樹林，以及特殊的土壤與地質，更是 160 種稀有植物的棲息地。

造訪人潮最多的優勝美地谷地（Yosemite Valley），位於國家公園中央，在冰河時期曾被冰川所覆蓋，由杉木林及清新的河湖景致組成，兩旁皆為峭壁，谷底呈現 U 字型，有清澈的瑪斯德河（Merced River）流經，蜿蜒河水沿途映照森林與岩壁，景致美不勝收。園區內有班次密集的遊園車，提供遊客搭乘遊覽。谷地左側酋長石（El Capitan），是世界上最大的花崗岩，高度 2307 公尺，聳立於優勝美地谷地中，突出的花崗岩峭壁則是著名的攀岩路線。

優勝美地谷地右側是園區另一座地標——半穹頂（Half Dome），形狀為半球狀，亦是花崗岩地形，有著被冰河雕刻後所留下近乎筆直的陡峭切面，因為全是光滑陡壁，攀爬難度極高，在架設鋼架繩索後，吸引眾多攀岩愛好者不畏險峻前來挑戰。登至山頂可遠望 U 型谷，以及三千多公尺雲歇峰的絕佳景點。

優勝美地國家公園以瀑布景致聞名，春末的 4 月至 6 月是瀑布水量最壯觀的時節，位於優勝美地山谷的優勝美地瀑布，高度 739 公尺，共分為三段，水量充沛、氣勢驚人，是北美洲海拔最高的瀑布。另一個著名的是新娘面紗瀑布，飛濺而下的水花，就像新娘的白色面紗，因而得名。

歐
洲

布魯塞爾大廣場

登錄名稱：La Grand-Place, Brussels
地理位置：布魯塞爾
登錄時間：1998 年　興建時間：12 世紀

歐洲最美的廣場

布魯塞爾大廣場位於比利時首都，興建於 12 世紀，長約 110 公尺、寬約 60 公尺，不以面積廣大取勝，屬於小而美的類型。廣場周圍是中世紀的建築群，呈現西方卓越的藝術與建築風格，是人類的建築瑰寶。1998 年聯合國教科文組織將布魯塞爾大廣場列入世界文化遺產。

建於廣場中心的市政廳，是中世紀的哥德式建築，從西元 1402 年開始興建，之後持續擴建，所有工程在 1455 年完工。塔樓建於 1402 年，高約 91 公尺，是廣場裡最高的建築。市政廳最古老的部分是其東側與塔樓，由雅各·范·蒂寧（Jacob van Thienen）所設計，西側與其他部分則在多年後由其他建築師另行擴建而成。廣場周圍有數十棟建築，則是於 17 世紀建造，屬於巴洛克風格，多數是過去的商行，其中以西班牙國王之家（Maison de corporation）與袋子樓（Sac）為代表建築物。

建於 1619 年的尿尿小童雕像，是青銅材質打造的裸體像，雖然高度僅 53 公分，卻是布魯塞爾市的象徵。1698 年當地人為了慶祝布魯塞爾從法國人的砲火中重生，首次為尿尿小童穿上衣服，之後各國大使來比利時訪問時，都會製作一套特色服裝給尿尿小童。

現今布魯塞爾大廣場周圍的建築，多是比利時特產代表——巧克力的店家，以及充滿遊客的酒吧與餐廳，大作家雨果、馬克思等名人都曾經居住在布魯塞爾大廣場的經典建築中。每二年一次在 8 月所舉辦的花毯節，志工以數十萬朵新鮮的秋海棠，排成各種美麗圖案，將整個大廣場布置成一片特大號的拼布花毯，搭配煙火表演，吸引各國遊客前往觀賞。

048

文化遺產 # 聖地牙哥・德・孔波斯特拉

登錄名稱：Routes of Santiago de Compostela: Camino Francés and Routes of Northern Spain
地理位置：加利西亞自治區
登錄時間：1993 年

朝聖之路的終點站

1993 年被聯合國教科文組織列為世界文化遺產的聖地牙哥・德・孔波斯特拉，在西班牙語中的意思是「繁星原野裡的聖地亞哥」。這座群山環繞的小城，人口數不到 10 萬，是西班牙加利西亞自治區的首府。因為身為耶穌十二門徒之一的大雅各屍骨在此，因而此處也和羅馬、耶路撒冷並稱為天主教三大朝聖勝地。

大雅各的母親是聖母瑪利亞的妹妹，大雅各原本脾氣暴躁，動不動就發怒，甚至認為以暴制暴是必要手段，而在耶穌的持續訓誨之下，他終於洗心革面，能夠寬容待人。後來大雅各慘遭殺害，是首位殉道的使徒。相傳大雅各生前曾到過西班牙傳教，時間長達 7 年，他死後遺骸據說就葬在西班牙某處，確切地點卻不詳，直到西元 813 年，被人意外發現大雅各的墓地居然就在這座小城，於是將此地取名為聖地牙哥・德・孔波斯特拉。

為了紀念使徒大雅各，在其墳地上直接興建一座小教堂，後來在 9 世紀還曾擴建兩次，可惜之後摩爾王朝入侵，教堂被燒燬，並且將教堂的銅鐘視為戰利品帶走。西元 1075 年大教堂開始重建，以花崗岩為建材，完工後的聖地牙哥・德・孔波斯特拉主教座堂（Santiago de Compostela Cathedral），從此成為這座小城的中心，在 16 ～ 18 世紀間依然持續進行擴建等工程。

中世紀以來，有無數教徒前往聖地牙哥・德・孔波斯特拉朝聖，所以在當地有一條路名為「聖雅各之路」（Way of St. James），而聖地牙哥・德・孔波斯特拉主教座堂，就是這條朝聖之路的終點站。

登錄名稱：Sagrada Família （Works of Antoni Gaudí）
地理位置：巴塞隆納
登錄時間：1984 年　興建時間：1882 年始建

怪才高第的未完成傑作

　　聖家堂位於加泰隆尼亞省首府巴塞隆納，是西班牙建築師高第的驚世傑作。高第被公認是現代最具創意的傑出建築師，另外也是由他設計的米拉之家、奎爾公園等作品，總共 7 處建築，於 1984 年被聯合國教科文組織列為世界文化遺產，而其中工程進度仍在持續的聖家堂，是全世界唯一還未完工就成為世界遺產的建築，教宗本篤十六世在 2010 年 11 月造訪時，更將聖家堂冊封為宗座聖殿。

　　1882 年開工的聖家堂，興建過程極為坎坷，首任設計師因為成本過高，與教會意見不合，一年後就辭職，臨時接手救援的高第，除了保留地下聖壇的原初設計，其他全部由他重新規劃，於是建築風格從原先的新哥德式教堂，轉為巴塞隆納式的加泰隆尼亞現代主義建築。高第花費 43 年時間打造這座建築物，直到他遭遇電車意外而過世為止，聖家堂後來的修建工程，受到西班牙內戰等因素影響，直到 1954 年才再次動工，延續高第工作的建築師已由第四位接棒，整體工程預定在 2026 年完工。

　　大自然的動植物是高第的靈感來源，因此運用大量曲線，也成為聖家堂的設計特點之一。教堂東側的「誕生立面」、西側的「受難立面」，這兩個立面已經完成，尚未完工的則是南側「榮耀立面」，仍持續趕工中。這座教堂的每個立面都建有 4 座鐘塔，共計 12 座，分別代表跟隨耶穌的十二使徒。加上教堂中央另有 6 座高塔，其中 4 座代表聖經四福音書的馬太等作者，另 2 座分別代表聖母瑪利亞以及耶穌基督，因此聖家堂總共需建造 18 座高塔，迄今仍有多數高塔尚未完工。

赫內拉利費宮與阿爾罕布拉宮

登錄名稱：Alhambra, Generalife and Albayzín, Granada
地理位置：格拉納達省安達露西亞自治區
登錄時間：1984 年　**興建時間**：13 世紀～ 14 世紀

阿拉伯式宮殿建築的代表作

建於 14 世紀的赫內拉利費宮（Palacio de Generalife），是格拉納達蘇丹穆罕默德三世的夏宮，也是目前公認維護狀況最佳的安達盧斯式中世紀花園，1984 年名列世界遺產。夏宮內有著名的水渠道庭院（Patio de la Acequia），長形的渠道兩側有設計精巧與實用美感兼具的花圃、具有曲線的噴泉，以及賞景用涼亭等等建物，以及美侖美奐的蘇丹花園，展現摩爾人絕佳的工藝才能。赫內拉利費宮曾在 20 世紀進行大規模整修，走道鋪上白色與黑色的鵝卵石。是現今保存下來最古老的摩爾花園之一。

赫內拉利費宮附近的阿爾罕布拉宮（Alhambra），在阿拉伯語中是「紅色城堡」之意，宮殿外牆使用細砂和泥土製成的紅色磚塊砌建，符合紅堡的稱號。這座阿拉伯式宮殿建築由穆罕穆德一世興建，是伊斯蘭教建築與造園技藝結合的代表作。1232 年將原有城池加以改建，逐步形成現有規模。

阿爾罕布拉宮最受遊客歡迎的景點是香桃木院（Patio de los Arrayanes），這座大型庭院是此宮殿重要的集會中心，由大理石列柱圍繞而成，中間則是種植兩排樹籬的矩形水池，中央有著噴泉，周圍建物的摩爾型拱門與立柱倒映在水池中，是設計師巧思構成的美景。使節廳（Salon de Embajadores）是宮裡面積最大的廳堂，過去蘇丹都在這裡接見外賓，牆上的花紋取材自花朵與星星等素材。獅子庭院（Patio de los Leones）以中間有著 12 頭石獅子馱起的水池而得名，有 4 條小渠道至此會合，名為水河、乳河、酒河與蜜河，象徵《可蘭經》裡描述的樂園四河。

051 西班牙 文化遺產 歷史城市托雷多

登錄名稱：Historic City of Toledo
地理位置：卡斯提爾拉曼查自治區托雷多省
登錄時間：1986 年

融合三大宗教文化的山城

托雷多城的歷史達二千多年，曾經受到猶太教、基督教和回教三種宗教影響，舊城區內的古蹟類型多樣，包括哥德式、摩爾式以及巴洛克式與新古典式各類教堂和博物館，共有七十多處古老建物。因為此處有著保存完好的三大宗教代表建築，在 1986 年被聯合國教科文組織列為世界文化遺產。

在塔霍河（Rio Tajo）環繞之下的托雷多山城，西元前 1 世紀由羅馬帝國所統治，之後則是西哥德王國的首都，西元 8 世紀在北非摩爾人統治下將近 400 年，11 世紀才被阿方索六世收復，從此成為政治經濟的中心，之後近 500 年西班牙首都設在托雷多。迄今依舊保存著中世紀風貌的托雷多舊城區是個歷史寶庫，例如聖多美教堂（Iglesia de Santo Tome），收藏曾經長居於此的畫家艾爾葛雷柯（El Greco）繪於 16 世紀的畫作《奧加茲伯爵的葬禮》，這幅刻畫天堂與現世情境的巨型畫作，整整占據教堂的一面牆，是西班牙的著名畫作。

大教堂（Catedral）是托雷多城的主要景點，建於 1226 年，15 世紀完工，是西班牙三座 13 世紀哥德式主教座堂之一，也是西班牙哥德式風格建築的代表作。教堂的兩座鐘塔，一是哥德式尖塔式，另一個是圓頂式，各具特色。正門則由地獄之門、赦罪之門以及審判之門組成，門楣上刻有耶穌「最後晚餐」的人物雕塑。教堂內部的主牆，以金色雕塑描寫耶穌的經歷，其他的石雕與木雕，皆是呈現當時高超工藝的極致之作。

052 克羅埃西亞 文化遺產 杜布羅夫尼克古城

登錄名稱：Old City of Dubrovnik
地理位置：杜布羅夫尼克的內雷特瓦縣
登錄時間：1979 年

亞得里亞海的珍珠

位於地中海濱的杜布羅夫尼克古城，被稱為「亞得里亞海的珍珠」，此處擁有湛藍海洋的天然景觀，與中世紀打造的文化古城，因此成為物美價廉的海岸度假勝地，與全球受歡迎的著名觀光城市，曾吸引熱門影集《冰與火之歌》前來取景拍攝。

古城最早是由古羅馬人所建立，後來又受到拜占庭帝國保護，在十字軍東征後，陸續又成為威尼斯與匈牙利等勢力的屬地，直到 14 世紀，杜布羅夫尼克成立自由邦拉古薩共和國，終於擁有自主權，開始建立議會並廢除奴隸等制度，當時是活躍於亞得里亞海的貿易城市，在 15 ～ 16 世紀時最為繁榮，財力與國力都足以與義大利威尼斯匹敵，同時也是克羅埃西亞的語言及文學中心之一，不少詩人、劇作家、數學家、物理學家及其它學者選擇這裡作為居所。直到 19 世紀初法國拿破崙入侵，才導致拉古薩共和國滅亡。

面積約 21.35 平方公里的杜布羅夫尼克，是座小而美的古城，防禦城牆內遍布中世紀建造的紅瓦房屋與教堂鐘樓，在地中海襯托下格外耀眼。位於古城中心的史特拉敦大道，長約 300 公尺，兩旁是巴洛克風與文藝復興式的建築，路旁的小巷弄有著觀光商品販售店與文創小店，以及餐廳和各具特色的咖啡店。

由派爾閘門（Pile Gate）進入，閘門旁是總長近 2 公里的城牆入口，順著階梯即可走上城牆。遠望是海洋，近處則是緊密相連的紅瓦建築群，沿途中，每個角度都能看成一幅美景，令人目眩神迷。

普利特維采湖群國家公園

登錄名稱：Plitvice Lakes National Park
地理位置：中部山區
登錄時間：1979 年　興建時間：1949 年成立國家公園

湖水環繞的人間仙境

普利特維采湖群國家公園成立於 1949 年，是東南歐歷史最悠久的國家公園，也是克羅埃西亞境內無論面積與造訪遊客人數都排名第一的國家公園。此處以經典的喀斯特地形聞名於世，1979 年被聯合國教科文組織將列入世界自然遺產。

這座國家公園的石灰岩地形經過千年沉積，切割溶蝕逐漸形成一個個湖泊、地下洞穴和瀑布景觀，園區內有 16 個主要湖泊，所以另一個別名是「十六湖國家公園」。湖群呈帶狀蜿蜒分布於峽谷間，可區分為上湖與下湖兩區，以白雲石為底的湖泊主要集中於上湖區，共有 12 個湖泊；石灰岩為底的下湖區則有 4 個湖泊。由一條水路貫通於這些湖泊之間，因為湖泊的高度有所落差，連帶形成多處瀑布景觀，規模大小不一，水勢絲絲縷縷與步道等周遭景觀合而為一。

上湖區有著落差十幾公尺的環狀瀑布，十餘條白練同時傾瀉而下，極為壯觀；另外下湖區最受遊客歡迎的則是「大瀑布」，高達 78 公尺，水量豐沛，也是十六湖區內規模最大的瀑布。園方在湖泊兩側皆規劃有賞景路線，走完整個木棧道約需 4 至 5 小時。

普利特維采湖群國家公園四季皆有不同的美麗景致，湖畔樹木隨著季節變換色彩，生機盎然的春天這裡百花盛開、色彩繽紛；夏天日照充足，陽光將樹林倒映在湖面，把翠綠色的湖水襯托得更加透明清澈；秋季的楓樹與山毛櫸變換顏色，公園充滿從橘色到深紅色的色彩轉換，湖景也更為多彩；冬季湖畔被銀白色的森林所環繞，猶如童話故事中的晶瑩冰雪世界。

米提奧拉

登錄名稱：Meteora
地理位置：色薩利平原西北部
登錄時間：1998 年

雲端之上的修道院群

　　希臘語的米提奧拉（Meteora）是「在天空之上」的意思，這裡的東正教修道院建築群規模是希臘最大，因為位於高聳砂岩柱上而形成特殊景觀，1998 年被聯合國教科文組織列入文化與自然條件兼具的世界複合遺產。

　　地質研究學者推測約在 6000 萬年前，此地經歷一連串的板塊移動，使得海床推高，因此形成高原。被推高的砂岩層也形成一些斷層，之後又歷經大自然的風化、地震等作用加以形塑，演變為現今的孤懸岩柱地形景觀。西元 9 世紀，已經有一些修士們搬遷至此地的岩洞內，在與世隔絕的環境裡潛心修道，在 14 世紀時，這些信仰堅定的修道人更是克服種種困難，竟然在險峻的峭壁上，接連建造 24 座修道院，每當雲霧瀰漫時，這些建築猶如飄浮於雲端之上。

　　這些矗立於地面的砂岩石柱地形，巨大壯觀，原本人員與生活所需的物品都要透過長梯、吊籃等工具，克難進出平均高度在海拔 300 公尺的修道院，過程極具風險性，不過目前已經改由沿著石崖鑿出的台階步行進入，但仍吸引眾多攀岩高手前來挑戰。保存至今且狀況良好的 6 座修道院，目前仍有修道人員居住於此，其中 4 座是修士居所，其他 2 座則歸修女居住。修道院內的壁畫，展現拜占庭的繪畫藝術。其中歷史最久的聖三一修道院（Monastery of the Holy Trinity），建於 1475 年，建物下的懸崖高達 400 公尺，007 系列電影《最高機密》曾在此處拍攝。規模排名第一的大米提奧拉修道院，目前展覽相關歷史文物，是旅客必訪之處。

希臘
文化遺產 **雅典衛城**

登錄名稱：Acropolis, Athens
地理位置：阿提卡區的雅典
登錄時間：1987 年　**興建時間**：西元前 5 世紀

希臘的國寶級建築

　　「雅典衛城」的希臘語是「Ακρπολη」，英文是 Acropolis，原意為「位於高處的城市」。衛城位於雅典城西南方，這裡是祭祀雅典城的守護神雅典娜等神明的聖殿，也是當時人們信仰的寄託，信徒在此與神明溝通，定期舉行祭典活動。衛城位於海拔 150 公尺，因為地理優勢能夠居高臨下，因此自古以來就是雅典城對外防衛的要塞，於 1987 年列入世界遺產。

　　衛城建於西元前五世紀，是古希臘文明全盛時期的代表建築物，面積約有三萬多平方公尺，所有建築群與石灰岩地形融為一體，現存的 14 座遺址裡，最受矚目的建築物包括帕德嫩神廟（The Parthenon）、勝利女神廟（Temple of Athena Nike）以及艾瑞克提恩神殿（The Erechtheum）等。

　　供奉雅典女神雅典娜的帕德嫩神廟，位於衛城中央，自西元前 447 年動工，歷時 9 年完成，是衛城內占地最大的神殿。全部以白色大理石打造，46 根多利克圓柱圍繞四周，每根石柱設計向內略微傾斜，巧妙地製造出比例更為和諧穩固的視覺效果，外牆也有精細的雕刻與裝飾，因此被稱為是希臘的國寶級建築。大殿中央原本有座 10 公尺高的雅典娜巨大雕像，以黃金與象牙製作，後來歷經多次戰亂，神廟先後被改為基督教堂和清真寺，雕像因此下落不明。

　　目前，只能從僅存的遺跡與斷垣殘壁間，遙想古希臘建築代表──雅典衛城的昔日風華，以及當時人民的生活與信仰。

德爾菲考古遺址

登錄名稱：Archaeological Site of Delphi
地理位置：中部地區的帕納索斯山
登錄時間：1987 年

古希臘的宗教聖地──世界的中心

德爾菲考古遺址的阿波羅神廟（Temple of Apollo），位於高二千多公尺的帕納索斯山上，居高臨下俯瞰整個希臘中部與海灣的景象。下方還有一座雅典娜神廟（Sanctuary of Athena），象徵她將護衛這處聖地。這裡是古希臘的宗教聖地，於 1987 年列入世界遺產。

希臘神話故事中，天神宙斯從世界的兩端，各派出一隻老鷹測量大地，這兩隻從相反方向出發的老鷹，最後在此相遇，德爾菲因此被稱為「世界的中心」。某天阿波羅來到德爾菲，這裡原有一條巨蟒皮束負責守護女神忒彌斯（Themis）的神諭，阿波羅希望改由自己的神諭來指導人民，因而用弓箭殺死皮束，進而取而代之，成為德爾菲崇拜的神明。

根據希臘傳說，阿波羅神廟建造於火山斷層之上，因為這個斷層直達地底，使得神明阿波羅能與凡人溝通，在古希臘時期，由人類祭司在此翻譯或是解釋神諭，當時的帝王需要做出重大決策之前，也會來德爾菲詢問神明的指引。

據說神廟中心處豎立著一個名為翁法洛斯（omphalos）的錐形石柱，石柱由兩隻雕刻老鷹所支撐，翁法洛斯在希臘語是指「大地的肚臍」，呼應宙斯和兩隻老鷹的神話。傳說中阿波羅神廟的入口處刻有「認識你自己」、「凡事不過分」、「妄立誓則禍近」三句寓意深遠的箴言。不過經歷大火、地震與歲月的摧殘，現存的阿波羅神廟廢墟，整體是長方形，前後兩面殘留 6 個多立克柱，側邊各排列 15 根同樣風格的石柱，供遊客遙想當年光景。

登錄名稱：Palace and Park of Versailles
地理位置：伊夫林省凡爾賽鎮
登錄時間：1979 年

歐洲最奢華宮殿

　　法國凡爾賽宮是歐洲最奢華的宮殿建築，占地面積也是最大。宮殿為古典主義風格，建築立面劃分為三段，建築以東西為軸、南北對稱，造型輪廓整齊，是標準的古典主義三段式處理手法。宮內裝潢主要是巴洛克式風格，洛可可風格則占少數。氣派精緻的凡爾賽宮，宮殿和花園建築都成為歐洲王室爭相模仿的範本，例如俄羅斯聖彼得堡夏宮、奧地利的美泉宮等等。聯合國教科文組織在 1979 年將凡爾賽宮登錄為世界文化遺產。

　　此處是以路易十三在凡爾賽的狩獵行宮為基礎，在路易十四時期擴建新宮殿，共動用三萬多名人力打造而成。1682 年至 1789 年凡爾賽宮是法國的王宮，這裡曾經是法國君主的決策中心，也是歐洲貴族們玩樂時的聚會所在地，更是當時藝術與時尚潮流的引領先鋒。1789 年爆發法國大革命，民眾拆除此處門窗，宮中家具、壁畫，甚至吊燈與其他陳設物也大多被洗劫，劫餘物品後來運往羅浮宮存放，曾經最奢華的凡爾賽宮從此淪為廢墟長達數十年之久。1833 年路易・菲利普國王下令修復，1937 年正式成為對外開放的歷史博物館，凡爾賽宮的萬千風華才終於再度重現。

　　宮殿主建築包括正宮與兩側的南北兩宮，宮內最著名的大廳是鏡廳，位於中央走廊，王朝時期經常舉辦化妝舞會，也是國王接見外國使節的場所。朝向花園的那一面設有 17 扇落地窗，另一面則由近四百面鏡子對稱組合成 17 面鏡窗。鏡廳地板是細木雕花，長達 76 公尺，柱子與牆壁以大理石裝飾，天花板設有 24 具巨型水晶吊燈，布置華麗耀眼。大理石庭院位於凡爾賽宮正面入口，是座三面廣場，庭院地面用紅色大理石裝飾。

法國 文化遺產 **加爾橋**

登錄名稱：Pont du Gard（Roman Aqueduct）
地理位置：加爾省
登錄時間：1985 年

建於古羅馬時期的宏偉水道橋

加爾橋是跨越加爾東河上的橋梁，是現存最大的古羅馬高架水道橋，透過設計精良的拱形橋梁工程，以及純熟的引水技術，將水源經由山谷運送至附近的尼姆城（Nîmes）。聯合國教科文組織於 1985 年將加爾橋列為世界文化遺產。

以石灰岩為材質的加爾橋，整體設計符合力學原理，長度是下短上長，由橫切面來看，卻是下寬上窄，有利橋梁的穩固度。距離地面約 50 公尺高，共分為三層，每層都是一個連接一個的拱狀橋門，拱形設計都是相互連接的，可加強橋體的穩定性。最上層是封閉的輸水道，設有 35 個橋拱，拱門數比較多，拱與拱的連接處則較窄，加上拱面小，用意是減少橋上的風阻，並且減輕橋體重量。中下層主要則是支撐橋體與水流通行用途，中層共 11 個橋拱，作用是增加河水的流量，利於快速排洪；下層以 6 個大型橋拱撐起，下層橋的拱面最大，作用是在穩固整座橋梁，降低水流衝擊。

加爾橋的橋墩全部架在河床的岩石上，同時在每個橋墩的上游方向設置三角形的分水墩結構，並且挖鑿河床，有利於洪水從橋孔通過，因此大量洪水來襲時，能夠迅速分散水流對此橋的衝擊，即使經歷兩次世界大戰等戰爭，以及 1958 年的超級洪水，這座橋依然通過考驗，迄今狀態保存良好。此橋是水利技術與橋梁工程史上的傑作，由古羅馬水利工程師與建築師們共同發揮創意，在沒有水泥砂漿的情況下，成功堆疊一塊塊重達 6 噸的巨石，展現精湛的建築工藝成果。

059 法國 文化遺產 卡爾卡松城堡

登錄名稱： Historic Fortified City of Carcassonne
地理位置： 奧德省卡爾卡松市
登錄時間： 1997 年　**興建時間：** 3 世紀始建

得天獨厚的防禦要塞

　　在高盧‧羅馬時期，地理位置絕佳的卡爾卡松，已經是重要的防禦堡壘，西元 3 世紀起興建的城牆，目前絕大部分依然存留，雙層城牆長達 3 公里，城牆上有 52 座巡邏塔樓保護占地 7 公頃的城市，固若金湯，是中世紀的傑出要塞。1997 年列入聯合國教科文組織的世界文化遺產名單。

　　卡爾卡松城堡具有戰略要塞作用，2500 年間經歷羅馬人、西哥德人、撒拉森人與十字軍等攻占，11 至 13 世紀間進行大規模擴建，13 世紀建立第二道城牆。直到 1659 年，法國國王路易十四與西班牙國王腓力四世簽訂庇里牛斯條約，終結歷時十餘年的法西戰爭，此處軍事重要性降低，轉型成為法國的毛呢紡織中心。

　　19 世紀卡爾卡松城堡附近種植葡萄園，出產的葡萄酒風評佳，創造不錯的利潤。1849 年法國政府本來決定拆除此處原有的防禦工事，遭到民眾與歷史學家強烈反對，發起抗議活動，政府轉而將城堡列為歷史古蹟，加以保護，於 19 世紀末完成修復工程。

　　在教皇烏爾班二世的祝福下所建造的聖納澤爾大教堂（Basilique Saint Nazaire），歷史悠久，教堂內的彩繪玻璃窗，完美呈現羅曼藝術與哥德藝術之美。13 世紀建造的聖路易築防新城（Bastide Saint Louis）中，位於南方的哥德建築代表作聖樊尚教堂以及卡爾諾廣場，經常是人潮聚集之處；曾是舊城與新城之間唯一聯結的老橋（Pont Vieux），是欣賞中世紀古城全景的最佳景點，觀光客最愛在此拍照留念。旅客也可選擇從卡爾卡松門乘船，巡遊 1996 年被列為世界文化遺產的南運河（Canal du Midi）。

060

沙特爾大教堂

法國 文化遺產

登錄名稱：Chartres Cathedral
地理位置：沙特爾市
登錄時間：1979 年　興建時間：12 世紀至 13 世紀

哥德式建築高峰期的經典

　　12 世紀起建造的沙特爾大教堂，是哥德式建築的代表作。教堂門廊的精美人像雕刻以及彩色玻璃窗，屬於藝術精品等級。其卓越的建築結構與內部十字形狀的規劃，是後世主教座堂仿效的最佳範本。1979 年聯合國教科文組織將這座教堂，列入世界文化遺產名單。

　　西元 8 世紀時，原本的教堂採用古羅馬巴西利卡式建築工法，之後幾個世紀發生數次火災，其中以 1194 年的祝融之災最為嚴重，建築幾乎全毀，但是教堂中所收藏耶穌降生時聖母瑪利亞穿著的聖衣，卻未遭波及，信徒們深受感動，認為這是神蹟降臨，因此花費 26 年時間在原地重建，1220 年新建的沙特爾大教堂主體完工。

　　在 30 公里之外都看得到的兩座尖塔，外觀與興建年代都有差異。1170 年完工的南塔，頂端有月亮符號，高度約 105 公尺，是融合古羅馬與哥德式的混血建築，造型素樸；1507 年啟用的北塔是標準的哥德風，頂端有太陽符號，高度近 115 公尺，更為高聳，並且飾以繁複雕刻裝飾。

　　這裡也稱為石雕聖經教堂，因為整體建築有著許多形體修長的石雕。教堂西面大門設有三個拱門，正面稱為「王者之門」，門楣上刻有耶穌從誕生到升天的石雕像，這些雕像是哥德式石雕藝術的代表作。北面大門上的雕像是《舊約聖經》裡曾經記載的人物，南面大門石雕則是描述耶穌一生際遇。門側立柱上有著站立的人像雕刻，以先知和聖徒為主，刻工細膩栩栩如生。

061

聖米歇爾山

登錄名稱：Mont-Saint-Michel and its Bay
地理位置：諾曼第地區芒什省
登錄時間：1979 年

海上的宗教聖地

　　位於法國芒什省（Manche）的聖米歇爾山，是諾曼第附近距海岸約 1 公里的一座岩石小島，為法國旅遊勝地，也是天主教徒的朝聖地點。雖然面積僅有不到 4 平方公里，但是每年都有 300 萬名以上的觀光客爭相造訪，1979 年聯合國教科文組織將聖米歇爾山及其海灣登錄為世界文化遺產。

　　聖米歇爾山是花崗岩地形，整體呈圓錐形，專家推測最早應是陸地的一部分，經過 8 世紀發生的大海嘯，與海水長年侵蝕作用等，使得周圍原有茂密森林與谷地消失殆盡，逐漸演變成現今的地形。此處介於法國諾曼第地區與布列塔尼半島之間的沙灘上，受到潮汐影響，在退潮時周遭是沙洲，海水漲退差距可達十餘公尺高，過去每當大西洋漲潮時海水上漲，高度 88 公尺的聖米歇爾山便被汪洋環繞，對外道路暫時淹沒，猶如一座孤立島嶼。

　　聖米歇爾山過往歷史多舛，最早的記載是凱爾特人在此祭神，之後主教奧伯特三次夢見天使長聖米歇爾顯靈，奉命在山頂建造一座紀念天使長的教堂，也是此處地名的由來。13 世紀聖米歇爾山北部又陸續增建以梅韋勒修道院為中心的另外六座建物，風格來自加洛林王朝古堡與羅馬式建築。後來法王腓力二世火燒此地，部分建築因此遭受嚴重毀損，直到戰後諾曼第被併入法國領土，才開始進行修建工程，並且加蓋哥德式建築，使得聖米歇爾山的修道院規模，成為諾曼第境內最大。現今位於山頂的聖米歇爾修道院，就是當年為了紀念天使長所建的教堂。

奧斯維辛集中營

登錄名稱：Auschwitz Birkenau German Nazi Concentration and Extermination Camp（1940-1945）
地理位置：奧斯威辛縣
登錄時間：1979 年　**興建時間**：1940 年

大屠殺的歷史悲劇現場

　　1940 至 1945 年間，納粹德國在波蘭奧斯維辛地區建立集中營，奴役來自歐洲各國的猶太人，估計有 150 萬人在此慘死。1979 年聯合國教科文組織將此處列入世界文化遺產，提醒世人切勿遺忘這場歷史悲劇。

　　被稱為「死亡工廠」的奧斯維辛集中營，由納粹德國親衛隊下令建造，在此進行猶太人大屠殺計畫，此處所囚禁的九成是猶太人，其他是政治犯與蘇聯軍俘等。此處主要分為三大營區，一號奧斯維辛營區是最先設立的集中營，主要管理行政中心即位於此區，主要囚禁的是波蘭政治犯、蘇聯戰俘以及同性戀者，逼迫他們工作。

　　二號營則是 1941 年興建的比克瑙集中營，設有 300 座木造樓房，並且設置化學實驗室與養殖動植物的區域，因為運送猶太人的火車，可直接抵達比克瑙集中營正門口，所以此處成為初步分類的地點，納粹會對新進猶太人搜刮隨身財物，篩選出的老弱人口則直接送入毒氣室。三號營區——莫諾維茨集中營主要是勞動營，有萬名囚犯被迫進行挖煤與生產橡膠等勞役，當犯人體力耗盡缺乏利用價值時，也會將其轉入快速終結生命的毒氣室。

　　集中營的青壯男性在一天只得到一餐的飢餓狀態下，被強迫長時間勞動，老弱婦孺則在入營時即被處決，部分人士還淪為德國科學家的實驗品，進行殘酷的活體實驗。直到 1945 年 1 月蘇聯紅軍發現此處時，僅剩七千多名骨瘦如柴的倖存者，透過他們的血淚控訴，世人才知道猶太人在這座人間地獄所經歷的悲慘遭遇。

巨石陣、埃夫伯里和相關遺址

登錄名稱：Stonehenge, Avebury and Associated Sites
地理位置：威爾特郡
登錄時間：1986 年

尚未解謎的史前建築遺跡

巨石陣是非常著名的史前建築遺跡，周圍有著墓地與新石器時代的遺址，是研究史前時代文化的寶庫，每年有百萬遊客拜訪此處。1986 年列入聯合國教科文組織的世界文化遺產名單。

巨石陣所在地是威爾特郡的埃姆斯伯里（Amesbury），自西元前八千多年即有人類在此居住。這裡有 10 塊巨石圍成一個大型圓圈，有些石塊高度達 6 公尺。首座紀念碑估計是建於西元前 3000 年，至於石圈部分在新石器時代晚期完成，推估是西元前 2500 年左右。進入青銅器時代早期，人們開始在周圍進行火葬，考古學者已在附近發現六十幾座火葬場，挖掘到杯子、刀子和陶器等陪葬品，估算約有百餘人曾經埋葬在此。

整個巨石陣的結構是由環狀列石及環狀溝所組成，環狀溝的直徑將近 100 公尺，橫向置放在上面的石頭，與下方的直立巨石，是運用卡槽方式緊密連結。在距離巨石陣入口處外側約 30 公尺，另有一塊單獨立起的巨石，被稱為「席爾」（Heel stone），而從對面巨石陣環狀溝向這塊石頭望來，正是夏至那天太陽升起的位置，所以部分學者推測當時人們應該是透過巨石陣，觀測天象的運行變化。

同樣位於威爾特郡的埃夫伯里（Avebury）也有著史前石陣，形狀是一個外圈涵蓋兩個內圈，是歐洲最大的巨石圈，附近還有史前圓形土堆西爾伯里丘（Silbury Hill），建於西元前 2400 年左右，高度近 40 公尺，占地 2 公頃，大小與埃及小型金字塔相仿，顯示新石器時代的傑出工程技術，這兩處與巨石陣一同被列入世界文化遺產。

英國 文化遺產 **哈德良長城**

登錄名稱：Hadrian's Wall（Frontiers of the Roman Empire）
地理位置：英格蘭北部與蘇格蘭交界處
登錄時間：1987 年

羅馬帝國邊境的萬里長城

中國有萬里長城，英國有哈德良長城（Hadrian's Wall）。哈德良長城是一條由石頭和泥土構成的橫斷大不列顛島的防禦工事，橫亙於英格蘭與蘇格蘭的邊境，由羅馬帝國君主哈德良所興建，歷時 6 年才完成，標誌著羅馬帝國擴張的最北界。如今是英格蘭北部最受歡迎的景點區。1987 年，被聯合國教科文組織列為世界文化遺產。

全長 117 公里的哈德良長城，從東海岸泰恩河口，至西海岸的索爾韋灣，橫貫不列顛島的頸部。建成時高約 5 公尺，2.5 ～ 3 公尺寬，從西段開始用草泥建造，後來全部改用石塊，共使用了約 75 萬立方公尺的石頭建成。城牆的南北兩側挖有壕溝，約 3 公尺深、9 公尺寬，每隔一羅馬里（約為 1481 公尺），即建有一座里堡（mile-castle），每座里堡大概能容納 60 人。在兩座里堡之間有兩座塔樓（turret），作為哨所，一旦有敵情，守衛者便能很快地以火光為信號，沿長城傳遞，作用如同中國長城的狼煙烽火。

有一些軍人駐守在長城上，但大部分軍隊駐紮在長城的南面。沿途建有 16 座要塞，裡面有指揮部、營房、糧倉、醫院甚至廟宇等等。一座要塞能容納 500 到 1000 名士兵，大量的軍隊在這裡駐守，隨之而來的是各種各樣的工匠、商販，再加上部分隨軍家屬，這些人大大帶動了當地的經濟。長城以北的人，也可通過關口進行交易，長城兩邊逐漸出現不少的小城鎮，形成前所未有的繁榮。走過悠悠歲月，哈德良長城至今仍然雄偉地迤邐綿延在陡峭顯崖之顛，成為大不列顛島上最引人入勝的景觀之一。

福斯橋

登錄名稱：The Forth Bridge
地理位置：蘇格蘭福斯河
登錄時間：2015 年　興建時間：1882 年～ 1890 年

世界橋梁工程的里程碑

　　福斯橋橫跨蘇格蘭的福斯灣（Firth of Forth），這座在 19 世紀末完工的鐵路大橋，是世界第一座多支撐懸臂式橋梁，更是英國工業革命顛峰期的產物，設計美學與材料使用的創新技術方面，都在世界橋梁工程史有著里程碑的地位，是日後許多橋梁模仿的範本。

　　福斯橋位於蘇格蘭首府愛丁堡附近，行經蘇格蘭人口主要聚集區域，是蘇格蘭的交通樞紐，專門提供火車通行，載送乘客與貨物。1882 年開始動工，直到 1890 年啟用，7 年興建期共投入四千多名工人，工程難度高，造成數百名人員死傷。經歷百年歲月，迄今每天仍有多班火車在此行駛，證明福斯橋的工程品質經得起考驗。此橋是蘇格蘭的代表性建築，橋梁圖像因此印在 20 元與 5 元紙鈔之上。

　　此橋的主要結構是鋼板，修建橋梁用掉約五萬多噸的鋼鐵，與八百多萬顆鉚釘，整座橋梁總長 1.6 公里，距離福斯河面近 48 公尺。橋體由一條中平衡懸臂橋，與兩條懸跨組成，總共有 3 個橋塔，6 個伸臂，設計有雙幅軌道。橋梁設計運用「紡錘型」的鋼式桁架，來延伸橋梁懸臂，達到增大的效果，其上所設置的 3 個紡錘型桁架成功延長跨度，達到平衡橋體重量的目的，橋梁桁架更設計成向內傾斜，增強穩定性與安全性，足以抵抗來自福斯海灣的強勁風力。除了對抗海灣風力，海水中的氯離子與鹽分，也會加速福斯橋的鏽蝕，因此工程人員在建造時，特別在防鏽蝕部分加強防護。在 19 世紀時已經預先設想到日後的維修狀況，在橋梁上規劃維修通道與步梯，方便人員進行周期性的檢修。

馬爾他巨石神廟

登錄名稱：Megalithic Temples of Malta
地理位置：戈佐島和馬爾他島
登錄時間：1980 年

最古老的史前自立石頭建築

馬爾他共和國，通稱馬爾他，是位於南歐的一個共和制微型國家，首都瓦萊塔（Valletta）。面積僅有 316 平方公里，是位於地中海中心的島國，故有「地中海心臟」之稱，被譽為「歐洲的鄉村」。馬爾他巨石神廟亦稱為「馬爾他巨石文化時代的神殿」，是馬爾他在戈佐島等地的著名歷史古跡。西元 1980 年被聯合國教科文組織列入「世界遺產名錄」。

在馬爾他這個小小的島國，不僅有十字軍時代的宏偉建築，而且還有眾多更為古老、新石器時代所遺留下來的神廟遺跡。其中建於 5500 年以前的馬爾他巨石神廟，是世界上最老且不需支撐的石頭結構建築。儘管被列入權威的世界遺產名錄之中，但是幾乎無人知曉：這裡存在的史前自立石頭結構，推測要遠比埃及的金字塔古老得多。

在馬爾他巨石神廟群中，有一座哈爾·薩夫列尼地下宮殿，研究者認為這座地下宮殿最初可能是作為避難所之用，但後來成為史前時代的墓地，裡面有近 7000 具屍體，是在一個石灰岩地質的小山上所鑿出的，是目前世界上唯一發現的史前時代地下宮殿。據推測，地下宮殿原本可能只有一層，經歷幾個世紀後，墓穴漸漸無法容納已逝者的數量，開始著手建造其他層墓穴，於是填墓中的房間越來越多，形成一個有著三層 33 個房間的地下結構，成為名副其實的地下迷宮。在地下建築的其中一個外室中，周圍的岩牆上刻劃了高大且雅緻的柱子，有走廊通往該地下建築的中心。考古學家曾在地下宮殿的禮拜堂中，發現一個約 10 公分高的婦女雕像，目前典藏於馬爾他首都維萊塔的國家人類學博物館。

克魯姆洛夫

登錄名稱：Historic Centre of Český Krumlov
地理位置：南波西米亞區
登錄時間：1992 年

中世紀的童話小鎮

位於伏爾塔瓦河上游的小鎮克魯姆洛夫，13 世紀起因為貿易活動而繁榮，因此大部分建築建於 14 世紀到 17 世紀之間，多為哥德式、文藝復興式和巴洛克風格。經歷 19 世紀工業革命，二次世界大戰與共產政權統治，所幸並未遭到破壞，完整保存中世紀的風貌。此處是世界古蹟的保存典範之一，小鎮內保留近 300 座歷史建物，捷克政府更遵照國際文物的保護標準，完全使用傳統的材料與技術，為建築物進行修復。1992 年聯合國教科文組織將此處列入世界文化遺產。

這座中世紀建立的城鎮，圍繞克魯姆洛夫城堡發展。在 13 世紀興建的克魯姆洛夫城堡，規模之大僅次於捷克首都的布拉格城堡，建築風格是哥德式、文藝復興式以及巴洛克式風格的混合體，最特別的是整座城堡外牆全以彩繪呈現，創造立體的視覺效果。

城堡內有座巴洛克式劇場，展示歷史同樣悠久的劇場機關與布景，還有古老的製造音效的道具，每年仍有安排固定演出。城堡內相連的空中走廊也很壯觀，拱橋上有著聖像雕塑；城堡的皇家花園（Royal Garden）造景則屬於義大利式風格，有著三層噴泉；遊客還可以登上城堡區內有「克魯姆洛夫地標」之稱的彩繪塔頂樓，這座文藝復興風格的塔樓，色彩搭配搶眼，塔頂視角寬闊，可 360 度觀賞小鎮美景。

老城區的中心斯沃諾斯基廣場，四周的古宅外牆，分別漆成黃、綠與粉紅等各種顏色。曲折如馬蹄型的伏爾塔瓦河，環抱著克魯姆洛夫，與一片紅瓦屋頂相襯的景色，如詩如畫猶如繪本裡的童話小鎮。

登錄名稱：Palace and Gardens of Schönbrunn
地理位置：維也納
登錄時間：1996 年

氣勢磅礴的巴洛克皇宮

這裡曾經是神聖羅馬帝國、奧地利帝國、奧匈帝國，以及哈布斯堡王朝的華麗皇宮，如今每年有超過 600 萬的全球旅客造訪，是維也納最熱門的旅遊景點。美泉宮以保存完好的巴洛克式皇宮建築群與皇家花園，建構完美的藝術典範，1996 年被聯合國教科文組織列為世界文化遺產。

美泉宮之名傳說來自神聖羅馬帝國皇帝馬蒂亞斯，此處是他狩獵時的居所，某次飲用了此地的天然湧泉，發現甘洌清甜，因此將該泉水命名為「美泉」，從此成為該地區的新名稱。1743 年奧地利女皇瑪麗亞·特蕾莎下令擴建巴洛克風格的美泉宮與皇宮花園，總面積 2.6 萬平方公尺，由於工程浩大，直到 1780 年才完工。此後經歷第二次世界大戰轟炸，嚴重炸毀美泉宮的部分主建物與凱旋門（Gloriette），還曾經充當過英軍臨時總司令部所在地，戰後奧地利政府進行大規模修復，才逐漸回復原貌。

宮殿內長廊牆上掛有歷代哈布斯堡王朝皇帝們的肖像畫，美泉宮共有一千四百多個房間，現在對外開放的有 45 間，並且展示皇冠與金器等皇家物品。宮殿北側建有劇院，音樂神童莫扎特過去曾在此演奏，目前每年都固定舉辦美泉宮歐洲音樂會，由維也納愛樂樂團演奏，搭配著名指揮家與演奏家，已是世界樂壇矚目的年度音樂盛事。

美泉宮內的皇家花園是大型園林建築，林蔭道路設計成星狀，不管選擇走哪一條林蔭道路，最後都會在美泉宮的中軸交會。花園正面是巨大的花壇，旁邊種植著整齊劃一的樹籬，而在這些樹籬內，分布有 44 座希臘神話故事中的人物雕塑，是藝術家威廉·拜爾的作品。

薩爾茲卡默古特湖區

登錄名稱：Hallstatt-Dachstein / Salzkammergut Cultural Landscape
地理位置：薩爾茲卡默古特
登錄時間：1997 年

阿爾卑斯山下的人間仙境

自史前時代，人類就已經開始在薩爾茲卡默古特地區居住，西元前 2000 年此處即大量開採鹽礦，哈爾施塔特鹽坑則是歷史最悠久的岩鹽礦。1997 年，整個區域被列入世界文化遺產名單。

鹽礦使得哈爾施塔特在西元前 2000 年就是極為繁榮的小鎮，當時此地除了開採，還同時進行岩鹽加工，鹽礦開採的盛況直到 20 世紀中期才逐漸衰落。鹽礦目前開放參觀，只要搭乘鎮上的鹽礦纜車，就能在觀景台遠眺哈爾施塔特的美麗山水，之後再進入地底鹽洞，親臨礦坑現場，體驗採鹽工人過去出入鹽礦用的滑梯與小火車。

此處有著七十幾個冰河湖泊，襯托阿爾卑斯山的壯闊山景。被公認最美麗的湖泊是沃夫岡湖（Wolfgangsee），由 12 個大小湖泊共同組成，宛如一連串晶瑩閃亮的寶石連結在一起，隨著不同的季節，湖水色澤會出現藍色與綠色的變化，有時還有霧氣繚繞，使得景色更加如夢似幻。沃夫岡湖區的景點包括規模最大的聖沃夫岡小鎮，鎮上興建於 15 世紀的同名教堂，內部裝飾得非常華麗的「帕赫聖壇」最值得一看，出自雕刻名家手筆。此外，以溫泉療養聞名的小鎮巴德・伊舍（Bad Ischl）、音樂天才莫札特母親的故鄉聖基爾根（St.Gilgen），以及知名的音樂電影《真善美》（The Sound of Music）的拍攝地，也都位於沃夫岡湖區。

多次被選為「世界最美麗小鎮」的哈爾施塔特（Hallstatt），被山巒與哈爾施塔特湖環抱，鎮上精巧布置的房舍依山勢興建，每棟小屋都有無敵湖景，散發童話小鎮的美好氛圍。

阿萊奇自然保護區

登錄名稱：Swiss Alps Jungfrau-Aletsch
地理位置：伯爾尼州和瓦萊州之間
登錄時間：2001 年　**興建時間**：1933 年設立自然保護區

消融中的歐洲第一冰川

　　位於瑞士西南部的阿萊奇區域，1933 年瑞士政府設為自然保護區，此處的冰川面積是歐洲最大。聯合國教科文組織於 2001 年將阿萊奇保護區列為世界自然遺產，也是阿爾卑斯山區域第一個世界級的自然遺產。

　　保護區裡的阿萊奇冰川，從少女峰延伸至阿雷奇地區，總長度近 24 公里，寬 1.6 公里，面積 171 平方公里，分為主體的大阿萊奇冰川，以及分支的中阿萊奇冰川與上阿萊奇冰川，是歐洲第一大冰川。想更親近此處的旅客，在專業導遊帶領下，穿戴雪鞋等相關設備，以徒步方式，可以更深入地探訪阿萊奇保護區的天然美景。

　　想一覽無遺此處蜿蜒的冰川景色，有幾個選擇。首先，可搭乘快速電梯抵達 3000 公尺高的斯芬克斯觀景平台，無死角地眺望阿萊奇冰川以及周圍山峰。也可從費施（Fiesch）乘坐纜車到達埃基斯峰（Eggishorn），自山峰上觀賞阿萊奇冰川上游的壯闊景象。此處也盛行滑雪與登山等活動，因此冬季遊客也不少。位於阿萊奇自然保護區內的阿萊奇森林（Aletsch Forest），有規劃良好的步道，號稱是阿萊奇地區最美麗的步道，沿途景致賞心悅目，路旁的古老林木是珍稀植物，與許多稀有動物的棲息地，尤其種類多樣的植物，更是愛好大自然的遊客必定造訪的地點。

　　根據蘇黎世聯邦理工大學的監測數據顯示，從 1870 年至今，阿萊奇冰川大約後退 3 公里，而且在過去 20 年間，冰川長度快速縮短 1 公里，光是 2005 至 2006 年，冰川消融範圍就達到 100 公尺。照此速度推估，在 2100 年阿萊奇冰川將有近九成的面積消失殆盡。

071　義大利 文化遺產　比薩斜塔

登錄名稱：Piazza del Duomo, Pisa
地理位置：托斯卡納省
登錄時間：1987 年　興建時間：12 ～ 14 世紀

傾斜的美感

　　比薩斜塔與同樣位於奇蹟廣場的大教堂、洗禮堂與墓園，是奇蹟廣場的重要建築，同樣以白色大理石打造，整體設計呈現羅馬式建築藝術之美，是中世紀宗教建築群的典範，並且對於後世義大利建築與藝術產生重要影響，1987 年聯合國教科文組織將比薩斜塔在內的四個建物同列為世界文化遺產。

　　比薩斜塔是比薩大教堂後方的獨立式鐘樓，1173 年開始興建，原本是一般的 8 層垂直建物，內部共設有 7 個鐘，但是開工後興建至第 4 層，卻因為地基不穩與土層鬆軟因素，已經出現傾斜狀況，專家分析斜塔下方由軟質粉土與粘土相間形成，在地底約 1 公尺處則是地下水層，推測建物所在地是昔日海岸的邊緣，造成土質下沉。興建工程曾經中斷過兩回，最後一次停工還長達百年，直到 1372 年才完工，但這座建築已向東南方偏斜。之後採用替換柱子與在地基間放入材料等方式，減少傾斜程度，才能維持現狀而不倒塌。

　　傾斜是比薩斜塔的特色，幾個世紀以來的傾斜很緩慢，建築似乎與地基下方的土層已經達到某種平衡。不過 1838 年挖掘斜塔地基周圍的工程，造成地基裂開以及地下水湧入的慘況，斜塔失去原有的平衡，加速傾斜達到 20 公分，必需採取緊急維修措施。20 世紀以來科技快速發展，於是成立專門委員會，研發阻止繼續傾斜與逆轉傾斜的方法，維護工作有大幅進展。1990 年曾經停止開放參觀，經歷 11 年整修期，斜塔已修正 44 公分，相關專家估計可以保持現狀 300 年，因此在 2001 年底重新對外開放。

072

**義大利
文化遺產** **卡薩爾的古羅馬別墅**

登錄名稱：Villa Romana del Casale
地理位置：西西里島
登錄時間：1997 年

馬賽克鑲嵌藝術的代表建築

卡薩爾的古羅馬別墅奢華程度直逼宮殿，是同時期同類型建築的翹楚，建物內隨處可見的鑲嵌馬賽克，是人類工藝成就的呈現。1997 年聯合國教科文組織將此處列入世界文化遺產名單。

位於西西里島郊區的卡薩爾古羅馬別墅，原本是古羅馬大莊園的中心所在地，貴族們來此狩獵度假，介於現今的卡塔尼亞大街與阿格里真托大街之間，在西元 4 世紀進入繁榮期，12 世紀時卻廢棄，直到 19 世紀再度被世人發現，20 世紀專家們在此挖掘出許多古文物。

卡薩爾的古羅馬別墅相當有藝術價值，內部有四十多處的地板上，大量運用馬賽克鑲嵌各種圖案，顯現古羅馬人的藝術水準，也是當時人們日常生活的記錄。建物內運用到二十多種不同材質的石頭，與十多款的玻璃，部分彩色的大理石更是進口而來。當時僱用的工匠若要拼貼完成 1 平方公尺的馬賽克鑲嵌地板，平均要花上 6 天左右的時間，相當耗時費力。

此處的馬賽克拼貼取材廣泛，從動物與神明，到馬戲雜耍表演等各類素材都有，其中栩栩如生的獅子頭像，以及長達 60 公尺的大規模狩獵場面，貴族們持盾牌追捕獵物，非常壯觀，呈現當時貴族豪奢生活的景象。直到今日，卡薩爾古羅馬別墅的馬賽克鑲嵌工藝，仍是羅馬世界所遺留下來現存最精緻的馬賽克藝術。

此處最著名的馬賽克拼貼作品是《為聖者加冕》，主題是幾位年輕女孩們，僅穿著上下兩截紅色布料，類似現代的比基尼。畫面中還有位手拿棕櫚葉、頭頂桂冠的女孩，由女神為她進行加冕，正是此圖命名的由來。

073

義大利
文化遺產 **佛羅倫斯**

登錄名稱： Historic Centre of Florence
地理位置： 佛羅倫斯省
登錄時間： 1982 年

亞諾河旁的藝術之城

中世紀時，亞諾河旁的佛羅倫斯是歐洲的商業與金融中心，更是文藝復興運動的誕生地，19 世紀時曾經是義大利首都，左右政經局勢。以其在歷史、建築與科學的影響力，以及為數眾多的古蹟，與珍貴藝術展品的博物館，1982 年聯合國教科文組織將佛羅倫斯列為世界文化遺產。

1348 年歐洲盛行黑死病，導致 14 至 16 世紀人文思想崛起，佛羅倫斯的富裕名門梅迪奇家族，長期贊助達文西和伽利略等等畫家與科學家，使此地聚集眾多人才，成為文藝復興運動的重鎮。佛羅倫斯的中心是領主廣場，有著 14 世紀建築舊宮與鋸齒形的塔樓，這裡也是壯觀的露天博物館，展出大衛像複製品與海神噴泉等雕像，是遊客的聚集地。

同樣也位於領主廣場的烏菲茲美術館，是世界最重要的美術館之一，曾是佛羅倫斯統治者的梅迪奇家族，將家族世代的藝術收藏品，全部捐贈給烏菲茲美術館，使得此館成為文藝復興時期作品的最大寶庫。展出名畫包括波提切利的《維納斯的誕生》，以及達文西、拉斐爾等畫家的名作；米開朗基羅的雕塑作品《大衛像》，原本是放置在市政廳的舊宮入口，後來則擺放於佛羅倫斯學院美術館內，每年吸引百萬人前來參觀，是佛羅倫斯最受歡迎的雕塑展品。

15 世紀完工的聖母百花大教堂，是佛羅倫斯的代表建築，也是歐洲第四大教堂，長 153 公尺，寬 90 公尺的巨大穹頂是其建築特色。穹頂內部是巨幅天頂畫作《末日審判》，外牆則使用色調不同的白色與粉紅等多色的大理石，創造出深淺層次的和諧美感。

074

義大利
文化遺產 **阿爾貝羅貝洛的特魯洛建築**

登錄名稱：The Trulli of Alberobello
地理位置：巴里省普利亞地區
登錄時間：1996 年

地中海的蘑菇村

特魯洛（Trulli）是盛行於義大利南部普利亞地區的房屋形式，現存是以阿爾貝羅貝洛的 1400 座為最多，因為類似蘑菇造型的獨特性，1996 年被聯合國教科文組織列入世界文化遺產。

在史前時代，阿爾貝羅貝洛已經開始有人類定居於此，14 世紀中期起，當地民眾使用扁片狀石灰石建造牆面和屋頂，並採用乾石牆技術建造，過程中不用水泥或是砂漿，直接排列堆砌而成，連屋頂也不例外。阿爾貝羅貝洛盛行這樣拆建方便的幽靈建築方式，據說是為了逃稅，每當收稅時，當地民眾將屋頂拆掉，表示是尚未完成的房舍，又無人居住，查稅官便無法課稅，等到官員離去後，再將屋頂裝回去。

阿爾貝羅貝洛又被暱稱為蘑菇村，在地中海充足陽光照射之下，有湛藍天空襯托的特魯洛，白牆與灰色屋瓦色彩格外鮮明。因為建材是以當地盛產的石灰石打造，室內均溫可以保持在 18 度，有著冬暖夏涼的優點。本來是倉庫用途，後來轉為住居，並且在屋頂設計水道，將雨水引至室內儲存使用，部分居民更發揮巧思，以白漆塗畫太陽、心形或是星星等各式圖案，裝飾自家屋頂，創造同中有異的效果。

現今人口約一萬一千多人的阿爾貝羅貝洛，整個區域以 Largo Martellotta 路為界線，分為舊城區 Rione Monti 與 RioneAiaPiccola 區，舊城區內保存一千多座特魯洛，密密麻麻分布在山坡上，目前部分的特魯洛已經改為商店、餐廳、與民宿，接待各國旅客，是該地最主要的觀光區。以白牆搭配灰色圓錐形屋頂，造型小巧可愛，吸引許多遊客的目光。

登錄名稱：Archaeological Areas of Pompei, Herculaneum and Torre AnnunziataAnnunziata
地理位置：那不勒斯省
登錄時間：1997 年　興建時間：西元前 6～7 世紀

被火山灰掩埋的城市

龐貝、赫庫蘭尼姆與托雷安農齊亞塔三座古城，建於西元前 6 至 7 世紀之間，同樣位於義大利那不勒斯省，面向美麗的那不勒斯海灣，西元 79 年附近的維蘇威火山爆發，三座古城全被火山灰覆蓋。16 世紀起陸續挖掘到文物，1997 年列入聯合國教科文組織的世界文化遺產名單。

位於維蘇威火山下的龐貝城（Pompeii），於西元前 6 世紀建城，起初是希臘人與腓尼基人的繁榮港口，面積約 1.8 平方公里，西元前 80 年，羅馬帝國軍攻占龐貝。西元 79 年 8 月 24 日維蘇威火山爆發，整座龐貝城頓時被大量火山灰活埋，多數居民來不及逃離，這座城市因此被後人遺忘。直到 18 世紀古城赫庫蘭尼姆先被發現，1748 年消失已 1600 年的龐貝城接著被找到。

羅馬帝國統治的龐貝城，是極為富裕的濱海城市，也是羅馬權貴與富豪的聚居地，推估當時城內居民約有二萬人。19 世紀對於這座城市進行大規模挖掘，發現當時罹難者的遺體，專家將石膏灌入剩下的骨架做成鑄像，呈現當時人民來不及逃跑的痛苦狀況。另外，也可以在遺跡中看到西元 1 世紀古羅馬棋盤式的道路，可容納 5000 人的露天劇院與一萬二千位觀眾的人獸對決競技場，以及能同時提供熱水、冷水與溫水的豪華公共澡堂，酒館和妓院等聲色場所。

與龐貝同時被爆發的維蘇威火山摧毀的赫庫蘭尼姆古城（Herculaneum）由於此地火山灰深達二十多公尺，古城內的建築得以完好保存，使得現今的人們有機會一睹當年以彩色大理石拼貼裝飾牆壁與地板的房屋。

龐貝城火山罹難者鑄像

科隆大教堂

登錄名稱：Cologne Cathedral
地理位置：北威州科隆市
登錄時間：1996 年

巍峨壯觀的哥德式教堂

兼具建築美學與宗教地位的科隆大教堂，是科隆市的代表建築。這座教堂的高度與面積都名列世界第三大，以中世紀哥德式建築聞名，美侖美奐的雙塔大教堂，以 40 萬噸大理石打造，約有 45 層樓高，與巴黎聖母院、羅馬聖彼得大教堂，並列為歐洲三大宗教建築。不過長達 632 年的興建過程，卻是相當曲折。

《馬太福音》上記載耶穌降生時，東方三博士跟隨伯利恆星，帶著黃金、乳香與沒藥等物品前往祝福，這是信徒們耳熟能詳的傳說。1164 年神聖羅馬帝國皇帝將存放此三博士遺骨的「三王聖龕」，轉贈科隆大主教，從此用來安置聖龕的老教堂，參觀人潮絡繹不絕，成為熱門朝聖地。不幸的是，老教堂在 1248 年 4 月遭到祝融之災，因此同年 8 月在原址興建科隆大教堂。動工後經歷宗教戰爭等事件，工程備受波折，遲遲無法完工。16 世紀時還曾因資金不足而全面停工，直到 19 世紀中期才重新開工，經歷漫長光陰，於 1880 年 10 月完工啟用。

第二次世界大戰時，目標顯著的科隆大教堂，數十次遭到英美聯軍轟炸機的砲彈攻擊，建物與鐘塔嚴重毀損，戰後依照 13 世紀的原始設計圖，展開龐大修復工程，並且保護與管理內部文物，1956 年重新對外開放。教堂外觀是哥德式雙塔以及拱形屋頂，高達 43 公尺的教堂中殿內，陳列著三王聖龕以及《東方三博士朝拜聖嬰圖》，首位設計師手繪的羊皮紙設計圖和 11 世紀的木雕《十字架上的基督》也收藏於此地，周圍牆壁上有著呈現聖經故事的彩繪玻璃窗，這些都是不能錯過的歷史珍寶。

登錄名稱：Palaces and Parks of Potsdam and Berlin
地理位置：波茨坦
登錄時間：1990 年　**興建時間**：1730 年～ 1916 年

普魯士王國全盛時期代表建築

有「普魯士的凡爾賽宮」稱號的無憂宮（SchlossSanssouci），宮殿與花園設計受到 18 世紀歐洲藝術運動影響，大量採用圓拱、拱頂和圓穹頂等建築風格，彰顯君主年代的榮耀，達到向鄰國炫耀普魯士帝國財力與國力的目的。聯合國教科文組織 1990 年將無憂宮的宮殿建築群與其花園，加入世界文化遺產行列，範圍包括 500 公頃的公園綠地，以及 150 座建築物，這些建物的興建年代從 1730 年至 1916 年間。

西元 1745 年普魯士國王腓特烈大帝先畫好草圖，再交由設計師細部規劃，開始建造這座小型夏宮，為了確保符合腓特烈大帝想要貼近大自然的要求，他還抽空前來親自監工。1747 年落成後，每年腓特烈大帝有一半時間住在這裡，可見他對這座宮殿的喜愛程度。西元 1840 年，國王腓特烈‧威廉四世下令延伸兩邊側殿，擴大原有建築的規模。

無憂宮最著名的園林風景是葡萄山梯形露台，之前原是樹木被砍乏殆盡的光禿小山丘，腓特烈大帝下令進行改造。此處規劃 6 個寬闊的梯形露台，來自義大利和法國等地的葡萄藤是主要裝飾，露台前端是綠色草坪，種植紫杉樹與灌木，露台中央處建有百階台階，兩邊則規劃坡道，山頂宮殿附近另建有風車，讓軍事天才腓特烈大帝，來此居住時能夠舒緩身心，享受田園氛圍。

山下的巴洛克風格花園內種植花木，阿波羅、維納斯等希臘神明的雕像點綴其中。順著葡萄山梯形露台登上無憂宮，宮殿牆面是明亮的鵝黃色，壁面上方刻有著酒神等雕像。

阿拉伯地區

迦太基遺址

登錄名稱：Archaeological Site of Carthage
地理位置：首都突尼斯城東北
登錄時間：1979 年　興建時間：西元前 814 年

斷裂與消逝的帝國風華

迦太基古城是一個坐落於非洲北海岸的城市，位於突尼西亞首都突尼斯城東北 17 公里處，與羅馬隔海相望。「迦太基」一詞在腓尼基語中讀作「Qart- adašt」，意思是「新的城市」。最古老部分位於緊靠海岸的比爾薩（Byrsa Hill）山下，是迦太基古城的中心。。

據文字記載，迦太基古城始建於西元前 814 年。相傳腓尼基蒂爾王國公主愛麗莎為躲避哥哥的迫害逃到這裡，受到當地的柏柏爾人的歡迎。她向部落首領借了一張牛皮蔽身，得到同意後，她把一張牛皮切成一根根細絲，然後把絲連在一起，在靠海的山丘上圈出一塊地，並且建立迦太基城。

腓尼基人強盛後，迦太基與羅馬帝國發生了三次戰爭，且在第三次戰爭中被羅馬人擊敗，迦太基城被毀。西元前 122 年，羅馬又在舊址上重建城市，並使其發展為國內僅次於羅馬城的第二大城。西元 698 年，整座城再次被阿拉伯軍隊給徹底毀滅。

鼎盛時期的迦太基城，人口達 70 萬。它的東北部是一大片墓地，東南部有古羅馬廣場和住宅區，南北兩端分別建有薩拉姆堡商港和一座迦太基港口（Punic Ports）。此外，羅馬人在比爾薩山上建有聖路易士大教堂（Cathedral of Saint Louis），露天柱廊上則保存有羅馬時代在迦太基雕刻過最傑出的勝利神和豐收神雕像。著名的安東尼羅馬浴場（Antoninus Baths）則建於西元 2 世紀，是古羅馬的第四大浴場。從基部殘存的柱石、斷牆、拱門，可隱約看出兩邊對稱排列的一間間浴室，浴池有冷水室、溫水室、蒸汽浴室、按摩室等。

佩特拉

登錄名稱：Petra
地理位置：首都安曼南方
登錄時間：1985 年

岩石雕刻的玫瑰古城

佩特拉一詞源自希臘文「岩石」（petrus），是約旦的一座古城，位於首都安曼南方，隱藏在阿拉伯谷東側的一條狹窄的峽谷內。二千多年前，豐富的水源和牧草吸引納巴泰人（古代阿拉伯部落）來到這裡，鑿開岩石，沿著山壁建立這座古城，因岩石在陽光下呈現玫瑰花般的的美麗色澤，因此佩特拉又被稱作「玫瑰古城」。

這座古城在 1985 年列入世界文化遺產，但真正讓佩特拉聲名大噪，是因 1989 年電影《法櫃奇兵》的拍攝，劇中主角印第安那‧瓊斯即是來此地尋找聖杯；2009 年的電影《變形金剛》，其中六位至尊金剛的墓地場景也在這裡拍攝。2007 年透過網路票選出世界新七大奇景，佩特拉與中國萬里長城、里約熱內盧基督像、馬丘比丘、羅馬競技場、泰姬瑪哈陵等並列其中，是到約旦玩必訪的重量級景點！

佩特拉古城建在海拔 950 公尺的山谷中，周圍懸崖絕壁環繞，入口是一條長約 1.5 公里的狹窄峽谷通道，名為「蛇道」。古城中心是一個大廣場，廣場正面是最有名的卡茲尼（Al Khazneh）神殿，由納巴泰王國在一整塊砂岩中雕刻而成，近 40 公尺高並裝飾有精緻的雕飾及人物，已有 2000 年歷史。關於卡茲尼神殿的傳說眾說紛紜，有人說這裡是阿里巴巴與四十大盜的藏寶處，也有人說是納巴泰國王的陵墓，更有人說是埃及女神艾西斯的神殿。當地的貝都因人傳說其頂部藏有寶藏，故該神殿又俗稱「寶庫」。佩特拉古城是世界上最著名的考古遺址，古希臘建築與古代東方傳統在這裡交匯相融，令人讚嘆。

080

耶路撒冷舊城

登錄名稱：Old City of Jerusalem and its Walls
地理位置：耶路撒冷區
登錄時間：1981 年由約旦申報

世界三大宗教聖城的美麗與哀愁

耶路撒冷（Jerusalem）是以色列的第一大城，也是世界三大宗教：基督教、伊斯蘭教和猶太教教徒心目中的聖城，具有相當特殊的神聖地位。舊城則是位於現代耶路撒冷城市內，一塊面積約 0.9 平方公里的區域，其中像是聖殿山、哭牆、聖墓大教堂，都是人們朝聖的知名景點。1981 年，耶路撒冷舊城及其城牆被列入聯合國世界文化遺產。1982 年，約旦又要求將其列入瀕危世界遺產名錄。

1860 年代以前，耶路撒冷舊城即構成耶路撒冷整座城市，共分為四個區域：穆斯林區、基督徒區、猶太區和亞美尼亞區，擁有一些重要的宗教聖地，包括猶太教的聖殿山及其西牆（哭牆），基督教的聖墓大教堂，以及伊斯蘭教的圓頂清真寺和阿克薩清真寺。三千年以上的歷史遺留下無數考古遺跡、文化遺產、神話傳說、宗教故事和血淚歷史。

舊城內的猶太教聖殿山（Temple Mount），無疑是世界上最具爭議性的宗教聖地。對猶太人來說，聖殿山是古代猶太聖殿所在地，聖殿山腳下的西牆（Western Wall），就是大名鼎鼎的哭牆，許多猶太人都會來這裡，悼念他們逝去的聖殿，與過往的亡國之苦。哭牆廣場左方有一條直行便道，由此前往，將經過伊斯蘭教區。穿過此區，便來到耶穌「受難之路」（Via Dolorosa）起點。耶穌便是在此處開始背負十字架，一步一腳印邁向各各他山丘（Golgotha），最後被釘在十字架上處刑。此外，耶路撒冷最著名的地標非位於舊城聖殿山之上的圓頂清真寺（The Dome of the Rock）莫屬，圓頂上覆蓋有 24 公斤純金箔，形成美麗的金色穹頂。

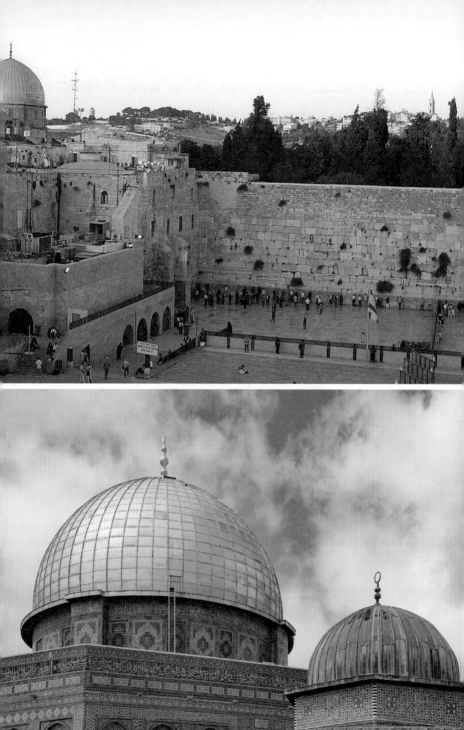

081

埃及 文化遺產 **孟菲斯及其墓地金字塔群**

登錄名稱：Memphis and its Necropolis – the Pyramid Fields from Giza to Dahshur
地理位置：吉薩省孟菲斯城
登錄時間：1979 年

法老修建的冥世居所

孟菲斯（Memphis）是今日開羅的前身，又叫「美尼弗」，意思是「迷人的住宅」，是上、下埃及首次統一後的都城，曾是古王國政治、宗教和軍事中心，至此繁榮將近五千年，從現存的宏偉遺跡中，仍可拼湊出當年的盛景。孟菲斯及其墓地和金字塔群，位於埃及東北部的尼羅河西岸，這些雄偉遺址包括巨大石雕、神廟、方型石墓及金字塔。1979 年，聯合國教科文組織將其列入「世界遺產名錄」。

金字塔是古埃及奴隸制度下國王的陵墓，這些統治者在歷史上被稱為「法老」。古代埃及人腦海裡有一個根深蒂固的「來世觀念」，他們把冥世看作是塵世生活的延續，因此活著的時候自己修建自己冥世的住所，被這些「法老」看作是自己人生中的一件大事。

在孟菲斯有八十多處古代法老的陵墓──金字塔，其中最著名的有古夫金字塔、卡夫拉金字塔、孟卡拉金字塔三座。古夫金字塔是其中最雄偉壯觀的一座，位於埃及基沙，是世界上最大、最高的埃及金字塔，用了高達 230 萬塊石灰岩建造，約建於西元前 2580 年，完工於西元前 2560 年，是耗時 20 年的巨大工程。

古夫金字塔旁的卡夫拉金字塔，是埃及第二大金字塔，僅次於古夫金字塔，也是埃及第四王朝法老卡夫拉的陵墓。金字塔旁有著名的人面獅身像，外型是一隻獅子的身軀和人類的頭顱，高約 20 公尺，長約 60 公尺，除前伸約 15 公尺的獅爪外，整座雕像是用一塊巨石所雕成，是現今已知最古老的紀念雕像。

082

阿布辛貝神殿

埃及 文化遺產

登錄名稱：Nubian Monuments from Abu Simbel to Philae
地理位置：亞斯文省
登錄時間：1979 年　**興建時間**：西元前 1284 年

擁有「光之神蹟」的埃及最美神廟

　　阿布辛貝神殿位於埃及亞斯文省以南 280 公里處，於西元前 1284 年開始興建，由古埃及最偉大的法老拉美西斯二世（Ramesses II）所建，歷經二十餘年完成。它建在納賽爾湖（Lake Nasser）西岸一座高聳的山岩上，可說是除了金字塔跟木乃伊外，最受歡迎的埃及景點。

　　在古埃及眾多法老王中，以拉美西斯二世最著名，他統治埃及長達六十多年，所興建的神殿遍布埃及各地。其中以費時 20 年，以整座山壁雕鑿而成的阿布辛貝神殿（Abu Simbel），又稱「拉美西斯二世神殿」最受世人矚目；旁邊一座較小而精緻的納菲塔莉神殿（Nefertari），則是拉美西斯二世為愛妻所建的神廟。這兩座神殿分別展現拉美西斯二世傲視一切的君王氣魄，以及愛妻情切的極致表現。

　　神殿門口處的四尊巨像，高 20 公尺，皆為拉美西斯二世的坐像。坐像旁還有數座小很多的石像，是拉美西斯二世的家眷。進入神殿後是一個柱廊大廳，四周刻滿壁畫，描述拉美西斯二世的戰績。大廳兩邊另有幾間石室，牆上同樣刻上各式壁畫。

　　阿布辛貝神殿最神奇的地方，就是所謂的「光之神蹟」設計。平常聖壇是完全照不到太陽的，建造神殿的工程師利用他的天文地理知識，刻意設計在每年 2 月 21 日及 10 月 21 日，分別是拉美西斯二世的生日及登基日這兩個日期，第一道曙光會筆直穿透 63 公尺的大列柱室長廊，精準地照進阿布辛貝神殿的聖壇，猶如太陽神散發黃金般的光束，聚焦在黑暗之神以外的三座神像上，將神殿照耀得閃閃發光，實在令人驚嘆！

083

帕米拉遺址

登錄名稱：Site of Palmyra
地理位置：首都大馬士革東北方二百多公里
登錄時間：1980 年

中東最著名的「沙漠珍珠」

敘利亞中部的沙漠綠洲古城「帕米拉」，位於大馬士革東北 215 公里，幼發拉底河西南 120 公里處，是商隊穿越敘利亞沙漠的重要中途轉運站，也是重要的商業中心。城中有許多 1 ～ 2 世紀所建造的希臘羅馬風格混合波斯文化的建築和藝術品，在敘利亞爆發內戰前，每年都吸引超過 15 萬名觀光客前來參觀。

帕米拉不只是敘利亞一座重要的古城，更是著名的考古遺址，有「沙漠珍珠」（Pearl of the Desert）美譽。相傳 3 世紀時，這座充滿石灰石和白雲石的城市，由經常被形容為「戰士女王」的宰努比亞（Zenobia）所統治，這位出生於帕米拉的傳奇女王，在歷史上因其軍事才能和反抗羅馬帝國而聞名。在她統治的幾年內，控制了將近三分之一羅馬帝國的領土，包括一些最有價值的區域、埃及和現代土耳其。

在帕米拉 6 平方公里的遺址上，散布著連綿的立柱、塔樓、壁壘、墓穴、神殿等，其中最令人難忘的是矗立在西方地平線上雄偉的貝爾神廟，這是最為雄偉的羅馬式建築，僅西廊兩側原先就建有 390 根巨大的米黃色石柱，石柱上雕有美麗裝飾圖案。從遠古時代的自然神崇拜，到古羅馬帝國的基督教教堂，貝爾神廟在不同時期、不同文明的遺址，曾經都被完好無損地保存下來。此外，古城內還有巨大的地下墓穴，可容納二百多人。

可惜 2015 年 5 月，古城帕米拉落入穆斯林組織「伊斯蘭國」（Islamic State）手中，擁有 2000 年歷史的貝爾神廟被毫不留情地摧毀，建於西元 193 年至 211 年間的凱旋門也被轟炸。如今帕米拉依然深陷於戰火之中，已被聯合國教科文組織列為「瀕危遺產」。

阿勒坡古城

登錄名稱：Ancient City of Aleppo
地理位置：阿勒坡
登錄時間：1986 年

世界上最美麗的瀕危古城

　　阿勒坡是敘利亞第二大城，僅次於大馬士革，是世界公認最古老城市之一，已有 4000 年歷史。自古以來，阿勒坡在歷史、地理及宗教上，即占有重要地位，古城很多地區保持了西元 12 至 16 世紀的原貌，巨大的宅院、狹窄的街巷和傳統市集均標誌着阿勒坡的過去，極具歷史價值。1986 年，聯合國教科文組織將阿勒坡古城，列入「世界遺產名錄」。

　　自西元前 2000 年開始，歷經西台、亞述、阿拉伯、蒙古、馬穆路克以及鄂圖曼帝國的統治，古城內有大量遺址，包括 12 世紀的大清真寺、13 世紀的城堡、17 世紀的宗教學校以及奧斯曼帝國宮殿，因多石灰岩建築，故有「白色阿勒坡」之稱。

　　其中著名的阿勒坡古城堡位於市中心一座圓錐形的小山丘上，山下有護城河，由一條石砌的橋梁和城堡連接。城堡占地 15 公頃，共有四道門，左邊是皇宮與浴室，右邊有些商舖儲藏室。大廳內有巨大的拜占庭柱子支撐天花板，城堡內有劇場，呈半圓形的羅馬式建築風格。

　　然而因為阿勒坡自古就是繁榮大城，加上地處土耳其邊境重要位置，有著「拿下阿勒坡就等於贏得戰爭」的戰略意義，因此自 2011 年以來內戰不斷，讓阿勒坡這座古城變得殘破不堪，古蹟遭受前所未有的劫難，聯合國教科文組織將之列入「瀕危遺產」名單中。2016 年底，敘利亞阿薩德政府軍在俄羅斯與伊朗協助下，從反抗軍手中奪回阿勒坡，結束這座城市近六年的內戰血淚。雖然敘利亞境內的內戰尚未完全平息，但是這座古城已在慢慢重建之中，期盼能夠早日恢復往日榮光。

CHAPTER
5

拉丁美洲 及加勒比海 地區

加拉巴哥群島

登錄名稱：Galápagos Islands
地理位置：加拉巴哥省
登錄時間：1978 年　**興建時間**：1959 年設立國家公園

擁有最多獨有動植物的世外桃源

　　加拉巴哥群島又稱卡拉帕古斯群島，位於太平洋東部，接近赤道，是一座火山群島，面積 7976 平方公里，距離厄瓜多爾本土卻有一千多公里之遠，為加拉巴哥省（Provincia de Galápagos）所在地。「加拉巴哥」的原文含意為「龜之島」，由於島上的自然環境獨一無二，厄瓜多爾政府於 1959 年將群島列為國家公園加以保護。1978 年更被聯合國教科文組織列入「世界遺產名錄」。

　　群島由 7 個大島，23 個小島，五十多個岩礁所組成，其中以伊莎貝拉島（Isla Isabela）面積最大，而聖克魯茲島人口最多。群島全部由火山堆和火山熔岩組成，這些島上有著加拉巴哥象龜、加拉巴哥陸鬣蜥以及加拉巴哥企鵝等奇特的動物棲息，許多動植物更是全世界獨有。由於群島上的生物獨特性，啟發了 1835 年到訪的達爾文，使他對物種可能的真正起源重新深思，進而成為二十多年後達爾文發表《物種起源》的開端。

　　其中溼潤的高地島（The Highlands）是許多野生加拉巴哥象龜的棲息地，牠們是全世界最大的陸龜之一，在野外的壽命可長達一百多年，且重量平均大約快兩百公斤。由於加拉巴哥群島中不同島上的生態環境有明顯的差異，所以單單這些島嶼就有 14 種不同的象龜。

　　或許是因為島上環境過於安全，所以動物性情都十分溫和，常見海鳥與海獅乞食等待的畫面，令遊客們感到驚奇。分布在加拉巴哥群島的海獅屬於加州海獅的亞種，主要是以魚類和軟體動物為攝食對象。遊客經常可見到海獅一隻隻盡情慵懶地躺在海灘上、碼頭旁，模樣相當逗趣。

藍腳鰹鳥
（Sula nebouxii）

里約熱內盧

登錄名稱：Rio de Janeiro: Carioca Landscapes between the Mountain and the Sea
地理位置：里約熱內盧
登錄時間：2012 年　**興建時間**：1763 年

貧富對比鮮明的上帝之城

　　里約熱內盧是位於巴西東南部的城市，為里約熱內盧州首府，同時也是巴西第二大城，僅次於聖保羅，擁有全國最大進口港、是全國經濟中心，同時也是全國重要的交通中心。1763 年由葡萄牙人建立，城市重要景觀包括世界七大奇蹟之一的基督像（Christ the Redeemer）、糖麵包山（Sugarloaf Mountain）、1808 年由葡萄牙皇帝創建的植物園，以及山海交融的科帕卡巴納海灘。2012 年，里約熱內盧被列入世界文化遺產名錄。

　　坐落在國家森林公園裡高 710 公尺的科科瓦多（Corcovado）山頂之上，是一座裝飾藝術風格的大型耶穌基督像（Christ the Redeemer），是世界最聞名的紀念雕塑之一，2007 年入選世界新七大奇蹟。基督像落成於 1931 年，總高 38 公尺，從山頂俯瞰整個城市，隨時張開雙臂歡迎來自世界各地的遊客，是巴西人民熱情接納和寬闊胸懷的具體象徵。據統計，每年到巴西的二百多萬遊客中，有近 40% 的人是為了探訪里約熱內盧這座美麗的城市。

　　此外，糖麵包山（Sugarloaf Mountain）是位里約熱內盧市瓜納巴拉灣中的一座山峰，之所以這樣命名，傳說是早期先民們覺得它的形狀猶如一塊麵包，再加上山的外形又使葡萄牙人想起老家用來製作圓錐形方糖的一種土制模具，所以就叫它糖麵包山。這座山高 396 公尺，登上山頂可將里約熱內盧的全景盡收眼底。科帕卡巴納海灘（Copacabana）是里約熱內盧南端的一個區域，海灘沙白水潔，呈新月形，以 8 公里長的海灘著稱，是全世界最著名的海灘之一。

聖佩德羅德拉羅卡城堡

古巴
文化遺產

登錄名稱：San Pedro de la Roca Castle, Santiago de Cuba
地理位置：聖地亞哥省
登錄時間：1997 年　**興建時間**：1633 年～ 1640 年

加勒比海的鑰匙

　　聖佩德羅德拉羅卡城堡（Castillo de San Pedro de la Roca）是古巴沿海城市聖地亞哥‧德古巴的一座堡壘，位於市中心西南方約十公里處，可俯瞰海灣。這一複雜的建築群是根據義大利文藝復興原理設計的，包括有堡壘、軍火庫、棱堡和砲台，是西班牙裔美洲人的軍事建築中保存最完整、最好的一座。1997 年，被聯合國教科文組織列入「世界遺產名錄」。

　　古巴歷來就有「加勒比海的鑰匙」之稱，其戰略地位之重要不言可喻。在 16、17 世紀西班牙殖民時期，經常有海盜垂涎聖地亞哥港的富庶而從海上進犯，燒殺搶掠，於是為了控制和保護聖地亞哥港這一加勒比海地區的門戶，西班牙政府耗費重金，徵用無數奴隸，修建了這座城堡。城堡始建於 1633 年，完工於 1640 年，對當時來說，規模之大，非同一般。

　　從聖佩德羅德拉羅卡城堡的城牆到塔樓，可以一窺 16 世紀到 19 世紀義大利、西班牙和古巴軍事建築發展的軌跡。城堡大門內，壕溝深陷，高高的城牆上箭孔密布，城堡頂部隱約可見黑洞洞的砲口。城堡的牆體非常厚實，外面的暑氣無法透入，所以城堡內部的溫度要明顯低於外部，而城堡中樓層之間完全採用木板分隔的設計，使空氣能在木板間的縫隙裡穿梭自如，從而保證氣流的通暢無礙。

　　城堡內的指揮官辦公室和士兵宿舍等房屋，現在已經改為文物陳列室，擺放昔日城堡內使用過的武器和生活用品，此外還有糧倉、武器庫、廚房、水井等設施。城堡內每個房間都有過道相連，哨兵可以利用城堡中便捷的通道，迅速傳遞指揮官的命令。

蒂卡爾國家公園

登錄名稱：Tikal National Park
地理位置：佩騰省
登錄時間：1979 年　**興建時間**：1955 年設立國家公園

馬雅文明最大城邦

蒂卡爾（Tikal）是馬雅文化最為人所知的古代遺址，占地面積約 2.6 平方公里，坐落於瓜地馬拉的佩騰省佩藤伊扎湖（Lake Petén Itzá）北方的熱帶雨林之中。「Tikal」是來自西班牙征服時期，當地馬雅獵人對於這個地區的稱呼，「Ti」就是馬雅語中的介系詞，「Kal」就是蓄水池、水井的意思。蒂卡爾國家公園在 1955 年成立，是瓜地馬拉第一個保護區。1979 年，被列入聯合國教科文組織世界遺產名錄，並對公眾開放參觀。

蒂卡爾國家公園包括三部分：蒂卡爾遺址（Tikal）、聖‧米蓋爾‧拉‧帕羅塔達生物保護區（San Miguel La Palotada Biotope）和馬雅生物保護區（Maya Biosphere Reserve）。目前在蒂卡爾遺址共發現超過 3000 棟石造建築物，包含 6 座巨大的金字塔神殿。石灰石構築的金字塔平台在叢林中矗立而起，頂端各有一座小廟。其中四號金字塔高度約 70 公尺，是馬雅世界中最高聳的一座建築。站在四號神殿的頂端，鳥瞰四周的原始森林，彷彿有置身在摩天樓的感覺。

最具代表性的一號金字塔神廟，建於西元 700 年左右阿赫卡王時期，是馬雅文明中最壯觀的遺跡，高 45 公尺，由 9 層階梯構成，斜度超過 70 度，從中間貫穿的階梯有 91 級，神殿門楣上方雕刻有一隻美洲豹，因此又被稱「美洲虎之爪王神廟」（Temple of the Great Jaguar）。據說頂部平台的小神廟內，有國王於祭典留下的血掌印。二號金字塔神殿在一號神殿的正對面，高 38 公尺，是阿赫卡王的王后陵墓，為表示對國王的尊敬，高度低於一號神廟。

貝里斯堡礁保育系統

登錄名稱：Belize Barrier Reef Reserve System
地理位置：貝里斯沿岸
登錄時間：1996 年

美麗的珊瑚堡礁天堂

貝里斯堡礁保育系統，是貝里斯沿岸的一系列珊瑚礁的統稱，離岸以北約 300 公尺，和南部國界線以內 40 公里處都有分布，是僅次於澳大利亞大堡礁的第二大珊瑚礁，也是北半球及西半球最大的堡礁。因擁有最重要及顯著的多元性生物自然生態棲息地，從保育或科學的角度來看，都符合保護瀕臨絕種動物的普世價值。1996 年，貝里斯堡礁保育系統被聯合國教科文組織列為世界自然遺產。

堡礁和環礁內約有 450 個大小不等的紅樹林珊瑚礁和沙島，包括西半球唯一的珊瑚環礁。此區可見幾種稀有和瀕臨絕種的動物，如美洲鱷；也有世界最大的西印度海牛群。其他常見的動物為海龜、紅足鰹鳥及其他海鳥，另有五百多種魚類、65 種石珊瑚、350 種軟體動物。水面上約有 178 種植物，海面下有 247 類海生植被，是各種藻類和海龜、海牛的海藻溫床，種類十分豐富。

著名的貝里斯大藍洞是全世界最大的水下洞穴，位於貝里斯外海約 96.5 公里處，鄰近燈塔礁（Lighthouse Reef），外觀呈圓形，直徑約 304 公尺，深約 145 公尺，是世界十大地質奇蹟之一。由於深度很深，所以呈現出深藍色的景象，藍洞內充斥著海綿、梭魚、珊瑚和各種魚類。現今的大藍洞是一個名聞遐邇的潛水勝地，世界著名的潛水專家雅各．伊夫．庫斯托（Jacques-Yves Cousteau）將大藍洞評為世界十大潛水寶地之一，並於 1971 年進行探勘測繪。

貝里斯堡礁是重生物多樣性熱點，棲息 1400 種物種，也是超過半數

貝里斯居民重要的生計來源，依賴珊瑚礁觀光業和漁業維生。2016 年 10 月，一項允許在堡礁 1 公里外進行地震波石油探勘的決定，引發全國與國際性的反對聲浪，因為該探勘活動可能影響堡礁獨特生態。於是在 2017 年 8 月，貝里斯政府宣布，永久禁止貝里斯堡礁保育系統內和四周的離岸石油活動，是全世界保護海岸、海洋系統和西半球最大堡礁的一大步，堪稱為保護世界自然遺產和海洋保育的新里程碑。

洛斯格拉夏雷斯冰河國家公園

登錄名稱：Los Glaciares National Park
地理位置：聖克魯斯省
登錄時間：1981 年

南美洲的冰雪奇境

位於阿根廷聖克魯斯省（Santa Cruz）的洛斯格拉夏雷斯冰河國家公園屬於自然遺產，世界大冰原（ice sheet）裡以南極範圍最大，格陵蘭次之，洛斯格拉夏雷斯冰河國家公園排名全球第三。整個公園有三成面積被冰雪覆蓋，其他則是險峻的安第斯山脈、湖泊以及大小冰河，形成豐富的生態環境，總面積達 60 萬公頃。

洛斯格拉夏雷斯冰河國家公園的物種，有日夜都是狩獵高手的美洲獅，估計全世界數量已低於 2500 隻的稀有動物安第斯山貓，安第斯山的本地鹿種，以及包括安地斯禿鷹等多種鳥類的棲息場域。

公園內約有二百多條的冰河，其中知名度最高的莫雷諾冰河（Perito Moreno Glacier），是以阿根廷探險家佛朗希斯科‧莫雷諾（Francisco Moreno）來命名，他是阿根廷的名人，率先在 19 世紀展開此地區的研究。

莫雷諾冰河長達 30 公里、寬約 5 公里，高度達 60 公尺，面積 250 平方公里，而且每年以 700 公尺的速度持續推進，是世界移動速度最快的冰河之一，還經常出現冰崩現象，因此被稱為「活的冰河」，遊客常以健行方式，在步行間近距離貼近莫雷諾冰河，或者自碼頭搭船，前往冰河前緣，身臨其境觀賞冰河前緣被後面冰河往前擠壓，造成巨大冰河融化崩落水中的磅礡氣勢。

消融現象發生頻率平均是數年一次，莫雷諾冰河消融最早發生在1917 年，最近的一次則是 2016 年。阿根廷湖周圍峰頂終年覆蓋著皚皚白雪，山頂倒影與湖水相輝映，是旅客必訪的景點。

麥哲倫啄木鳥
（Magallenic Woodpecker）
在冰河國家公園

玻利維亞 文化遺產 **蒂瓦那庫**

登錄名稱：Tiwanaku: Spiritual and Political Centre of the Tiwanaku Culture
地理位置：因加維省拉巴斯區
登錄時間：2000 年

古印第安文化的「創世中心」

蒂瓦那庫是一個重要的南美洲文明遺址，位於南美洲玻利維亞與祕魯交界處的的喀喀湖（Titicaca）以南約 20 公里處、海拔 4000 公尺左右的高原上，曾是「蒂瓦那庫文明」的中心。考古學家在古城遺址上挖掘出大量的海洋生物貝殼、飛魚化石，顯示它過去曾經是一個港口，擁有完善的船塢和碼頭。據推估在西元前 2030 年至西元前 1930 年間，卻因大陸板塊的劇烈運動和上升，成為海拔 4000 公尺左右的高原。

蒂瓦那庫在古印第安語中是「創世中心」之意。這裡保有大批宗教建築、繪畫雕刻以及高度發展的古印第安文化。10 世紀到 11 世紀是這座古城的鼎盛時期，西班牙人入侵此地的時候，蒂瓦那庫早已荒廢 200 到 300 年，但從遺址中被發現的斷壁頹垣、巨型的石雕像、石碑、綿延的石牆和散落在各處的巨石，都不難想像當年這裡的繁榮景象。

蒂瓦那庫城的建造者在一塊塊 100 噸重的砂岩上，再疊上一塊塊 60 噸重的石塊，砌成了牆。巨大的石塊表面都琢磨得十分平滑，拼合處的角度也十分精確，石工更是做得十分精巧。另外，在一些重約 10 噸的石塊上，發現了 2.5 公尺深的孔洞，這些孔的用途專家至今依然無法解釋。

太陽門（Gateway of the Sun）是蒂瓦那庫遺址中最著名的古蹟，建於西元 10 世紀左右，由一整塊重達百噸的巨石雕成，門楣正中的人頭雕像高 3 公尺，寬 3.75 公尺，是印加神話中的「太陽神」。據說每年 9 月 21 日秋分黎明時，第一道陽光必定從洞門中央射入，故稱為「太陽門」，充分呈現印第安人豐富的天文知識。

科科島國家公園

登錄名稱：Cocos Island National Park
地理位置：哥斯大黎加南岸外
登錄時間：1997 年　**興建時間**：1978 年設立國家公園

世界第二藏寶之地

科科島是哥斯大黎加南岸外一座島嶼，長 8 公里，寬 4 公里，面積 23.85 平方公里，是由岩石構成的高原地形小島，擁有奇異的海洋生物生態，是世界上最頂級的潛水地之一，也是觀察鯊魚的最好地方，更是很多土生土長的動物和昆蟲的家園。1978 年被劃為國家公園，1997 年被登錄為世界自然遺產，電影《鯊魚島》、《侏羅紀公園》的場景都是在這座島上取景拍攝。

相傳科科島曾是 17 世紀海盜們的休息站及中途轉運站，海盜們將掠奪的財寶在此裝卸、埋藏，因此眾多海盜和寶藏的傳說也為這座無名小島，憑空增添不少神祕的色彩，被稱為世界第二藏寶之地。

雖然探寶之路很危險，卻依舊阻擋不了人們的好奇心，大量尋寶的人湧入科科島，卻都一無所獲。1978 年，哥斯大黎加宣布封閉島嶼，嚴禁任何人挖掘，但禁令仍然擋不住人們探尋寶藏的熱情。據說英國作家史蒂文森的知名作品《金銀島》，就是以英國商人湯普森祕密埋藏在島上的「利馬寶藏」為故事背景而創作出來。

科科島國家公園內有三個火山岩峰，分別被稱為東峰、主峰（高 870公尺）和南錐體峰（高 450 公尺）。全島都被蓊鬱的常綠闊葉林覆蓋，年雨量豐沛，美麗瀑布比比皆是，雨季高峰期有七十多處不同大小的瀑布，壯觀的瀑布從山壁上直瀉蔚藍大海。科科島雖小，島上卻有許多罕見的鳥類，周圍海域也有珊瑚、鯊魚、海豚等生物，因此著名的法國探險家雅克·庫斯托（Jacques Cousteau）稱科科島為「世界上最美麗的島嶼」。

秘魯
文化遺產

納斯卡線

登錄名稱：Lines and Geoglyphs of Nasca and Palpa
地理位置：納斯卡鎮附近
登錄時間：1994 年　**興建時間**：約西元前 500 年～西元 500 年

無與倫比的史前圖案奇景

位於祕魯首都利馬南方 400 公里乾燥高原上的納斯卡線，占地約 450 平方公里。1939 年美國探險家保羅柯索到附近考古，因為尋覓水源，意外發現此處地面有一些渠道，是極為浩大的工程，之後再搭機從高空向下探測，才發現這些渠道原來是組成巨大圖案的線條，規模之大令人驚嘆。

專家們推測由納斯卡文明創造的這些古文明遺跡，大約完成於西元前 500 年至西元 500 年之間，當時的納斯卡人在地面挖掘一條條淺淺的溝槽，製作出這些圖案，更特別的是這些圖案都是一筆完成，精確製作的線條並不重疊，圖案的數量龐大、取材豐富多樣，是表現人類創造力的經典。

當地屬於世界低降雨率的區域，使得氣候極度乾旱，所以數千年來納斯卡線能夠完整保存，是地球上獨一無二的景觀。目前已陸續發現七百多個神祕圖案，大致歸類為兩大類型，一種是直接描繪人類或是動植物的原始形貌，例如狗、蜂鳥、蜘蛛、禿鷹和猴子等圖案，另一種則是由線條排列成三角形、螺旋狀，與飛機跑道近似的長條形狀等多種幾何圖案，有些還長達數公里。由於圖形面積廣大，旅客大多搭乘小飛機飛至荒原上方，從空中全面俯瞰鯨魚和宇宙人等著名的奇景圖案。

至今考古學家尚未完全解開納斯卡線的謎團，有些派別認為這是舉辦向天祈雨等儀式的宗教場所，有些研究者推測這些圖案可能是標示寶藏所在地的古地圖，還有學者認為此處是當時舉行大型體育活動的場地，也有考古學者提出這些是大型天文圖系統的說法，至於一般民眾則懷疑不可思議的納斯卡線，是由外星人來訪地球時留下的軌跡。

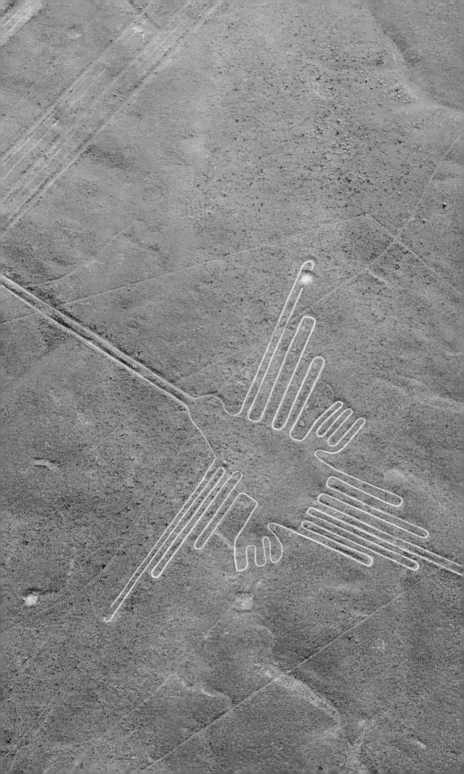

094 祕魯 複合遺產 馬丘比丘聖城遺址

登錄名稱： Historic Sanctuary of Machu Picchu
地理位置： 庫斯科郊外
登錄時間： 1983 年　**興建時間：** 15 世紀

失落的天空之城

這座海拔 2430 公尺高的天空之城，由印加帝國在 15 世紀建立，16 世紀西班人入侵，此處因此而被遺忘。由於位置偏僻隱密，又有天然屏障，因此大部分的古蹟得以保存，直到 1911 年才被探險家意外發現。

印加語的「馬丘比丘」（Machu Picchu）是「古老的山」之意，地理環境是位於祕魯安第斯山脈與亞馬遜河流域的交會區域，山勢陡峭近似垂直，居高臨下，此地的建物是順著山勢，一層層堆疊而建造，並且巧妙與周遭的梯田與峭壁景觀融為一體。

15 世紀的建築工法並不發達，建造這座城池的石塊需求甚多，加上有些花崗岩更重達 20 噸，究竟這些巨大石塊是如何成功載運至這座高山上的？而且石塊間並無使用灰泥等黏著劑，僅依靠精確切割堆砌，仍能貼合拼接，石塊間縫隙不到 0.1 公分，幾百年來更是經歷多次山洪與地震的考驗，依然緊密牢固。印加人以高超工法留下這座建築代表作，迄今留下許多尚未解開的謎團。現今的考古學者推測當時的馬丘比丘，應該是古代印加人的祭祀場所，他們在此觀察天文星象，在梯田上種植作物。

古城內約有百餘個參觀景點，分為廟宇、墓園與宮殿等數個區域，最知名的有太陽神殿、三窗神殿等，以及印加十字等有特殊意義的石頭。其中拴日石（Intihuatana）是印加人的天文時鐘，以太陽變化來觀測時間，並據此安排祭拜太陽神的盛大祭典時程。此外 15 世紀留下的完整供水系統，也展現印加人的智慧，共有 16 座，水源來自馬丘比丘山頂，現今依然能夠正常運作。

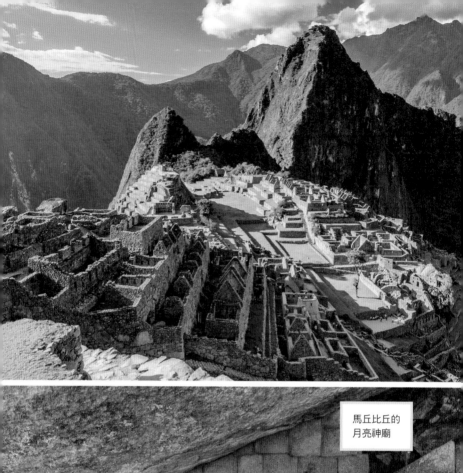

馬丘比丘的
月亮神廟

拉帕努伊國家公園

登錄名稱：Rapa Nui National Park
地理位置：瓦爾帕萊索地區的復活節島
登錄時間：1995 年

巧奪天工的摩艾巨石像

　　拉帕努伊國家公園距離智利陸地 3700 公里，約在一百萬年前，由附近海底的三座火山噴發所形成，屬於火山島，「拉帕努伊」是當地原住民對復活節島的稱呼。西元 300 年，島上只有原住民族在活動，他們的祖先則是南島民族的波里尼西亞（Polynesian）人。千年以來，因為與太平洋其他島嶼距離遙遠，猶如與外界隔絕，島民過著自給自足的生活，以捕魚和種植甘薯、芋頭等植物維生，他們自稱復活節島是「世界的肚臍」。

　　英國航海家愛德華戴維斯，是復活節島的首位發現者，1686 年他發現眾多巨大石像豎立在島上的奇景。1722 年 4 月 5 日剛好是耶穌復活節，荷蘭海軍上將雅各布羅格文發現此島，於是命名為「復活節島」。全島的形狀近似三角形，這三個角上各有一座火山，分別是拉諾阿魯火山、拉諾考火山，以及全島最大石像群所在地的拉諾拉拉科火山。

　　從 10 世紀到 16 世紀，當地民眾陸續創造「摩艾」（Moai）巨石像，這是島民獨特想像力與豐沛創造力的產物。石像使用火山噴發形成的凝灰岩與火山岩為材料，共同點是臉部和耳朵較長，高鼻子、突出下巴，僅有上半身，都是面向海洋。島上現存的摩艾巨石像數量大約九百多個，高度介於 2 公尺到 20 公尺之間，尺寸多樣。

　　全島最受遊客歡迎的景點阿納凱灣，位於復活節島北部，有著美麗的沙灘，襯托碧海藍天，走到島上最高點特雷瓦卡山頂，復活節島美景盡收眼底。達海（Tahai）有著全島保存最完好的石像群，也是觀看日落的熱門地點，在晚霞映照下的石像更添神祕感。

非洲

096 衣索比亞 文化遺產 阿克蘇姆遺址

登錄名稱：Aksum
地理位置：提格雷省
登錄時間：1980 年

曾經的世界第三大王國

　　阿克蘇姆王國是古代非洲的重要文明之一，現有古城遺址位於衣索比亞北部，這裡留存當時建築藝術的象徵——方尖碑與石柱、阿克蘇姆王國的皇家墓地，以及殘存的城堡等珍貴古蹟，1980 年聯合國教科文組織將此處列入世界文化遺產名錄。

　　阿克蘇姆王國可追溯西元 1 世紀，除了征服衣索比亞高原與南阿拉伯半島等地，也曾掌握紅海控制權，因此海內外貿易相當活絡，向埃及、拜占庭、印度等地進口布匹與酒類，同時對外輸出黃金與象牙等產品。人民擅長建造梯田與灌溉工程技術，國力強大達到巔峰，因此與波斯帝國和東羅馬帝國並稱世界第三大王國。不過西元 6 世紀之後，商路陸續被波斯帝國與阿拉伯帝國掠奪，影響力式微，阿克蘇姆王國逐漸沒落，於西元 10 世紀滅亡。

　　20 世紀中期考古專家在當地陸續挖掘到宮殿遺址、教堂、水壩與市場等建物，石碑、雕像、銅陶器等，以及發現金屬鑄幣，這些鑄幣正反兩面刻有國王手持寶劍與棕櫚葉的圖案，反映當時經濟發達，也證實阿克蘇姆文明的財富與國力。

　　考古遺址有一個由 7 座方尖碑組成的石碑群，其中 5 座倒塌，僅剩的 2 座中，一座高 24 公尺，碑頂下刻有盾牌圖案，20 世紀義大利占領衣索比亞期間，被運往羅馬，豎立在君士坦丁拱門附近，直到 2005 年時才歸還衣索比亞，2008 年在原址重建。另一座則高達 33 公尺，正面雕刻有門窗，是世界上最高的石碑。

已經倒塌的石柱

097 衣索比亞 塞米恩國家公園

自然遺產

登錄名稱：Simien National Park
地理位置：貢德爾
登錄時間：1978 年　**興建時間**：1969 年設立國家公園

非洲屋脊

　　塞米恩國家公園是衣索比亞的一座國家公園，設立於 1969 年，占地面積為 165 平方公里，位於衣索比亞阿姆哈拉州北貢德爾地區，以其峰巒迭起的山峰、幽深的峽谷和 1500 公尺高的陡峭懸崖為特徵，構成世界上最壯闊的自然景觀。公園內也是一些極稀有動物的棲息地，比如吉拉德狒狒、塞米恩狐，以及世界上僅此一處的沃利亞野生山羊棲息地。

　　聳立在埃塞俄比亞高原的塞米恩山脈（Semien Mountain），是非洲屈指可數的高山。形成於 3000 萬年前，為錫門山脈的一部分，包括衣索比亞最高峰——達善峰（4620 公尺），因此被稱做「非洲屋脊」。火山噴發出來的玄武岩經過千萬年的侵蝕，形成陡峭的懸崖和深邃的溝谷，奇峰峨峨、怪石嶙峋，造就塞米恩國家公園內奇特的自然奇景，比起黃石公園有過之而無不及。

　　在嚴酷的自然環境中，以及深山幽谷的庇護下，動物們也創建屬於自己獨特的世界。喜歡居住在懸崖峭壁上的吉拉德狒狒，可以說是其中的代表。其家庭組織基本上由一隻雄狒狒和幾隻雌狒狒及其孩子所組成。過去，曾經廣泛棲息於非洲大陸的吉拉德狒狒，現在只有在埃塞俄比亞高原，才能看到牠們的身影。國家公園內還有兩種瀕臨絕種的動物，沃利亞野生山羊僅存兩、三百隻，而已經瀕臨滅絕命運的塞米恩狐，公園裡也僅剩二十多隻還倖存著。

　　因其獨特的地貌和豐富的生物多樣性資源，1978 年塞米恩國家公園被聯合國教科文組織列為世界自然遺產。

辛巴威
文化遺產

大辛巴威遺址

登錄名稱：Great ZimbabweGreat Zimbabwe National Monument
地理位置：馬旬戈省
登錄時間：1986 年　**興建時間**：4 世紀～ 5 世紀

沉睡千年的石頭城

大辛巴威位於辛巴威馬旬戈省東南，距離首都哈拉雷 350 公里，大約始建於西元 4 世紀到 5 世紀，後經多次擴建，於 14、15 世紀達到鼎盛，是非洲著名的古代文化遺址，也是撒哈拉沙漠以南、非洲地區規模最大、保存最完好的石頭城建築群體，甚至連辛巴威的國名都得名於此遺址，因「辛巴威」在非洲班圖語中，意思就是「石頭城」。

占地 0.8 平方公里的大辛巴威遺址，主要分為三個部分：內城、衛城和山谷建築群。內城（The Great Enclosure）是一個由石牆圍成的橢圓形建築，坐落於景色秀麗、林木蒼翠的山谷中，共由九十多萬塊花崗岩構築而成，石塊連接未用任何黏著劑，至今仍堅固挺拔，宏偉壯觀，充分展現出非洲古代的精湛建築技術。

衛城（The Hill Complex）建於高約 700 公尺的山頂上，有 9 公尺高、244 公尺長的圍牆圍住，是巨大的卵形遺址，其作用是保衛「聖堂」。在這些圍牆中，除了石頭圍牆外，也有天然岩石塊構成的圍牆，因此又被稱為「山丘複合體」。其入口是一條僅容一人通行的階梯，階梯的台階開鑿於巨大石塊和峭壁之間，順著山勢的自然走向而建造，石匠憑藉熟練的技巧，將山上天然的岩石以及花崗岩砌成的石塊，打造成一座宏偉建築物，其構築堅實，雄偉壯觀，令人讚歎不已。

山谷建築群（The Valley Complex）則由許多較小的石頭遺址組成。熔鑄黃金的遺跡、精緻的排水系統等等，在在都說明這裡曾有過一個繁榮的社會。每戶人家住宅的大小，則彰顯主人的社會地位。

塞倫蓋蒂國家公園

登錄名稱：Serengeti National Park
地理位置：北部塞倫蓋蒂地區
登錄時間：1981 年　　**興建時間**：1951 年成立國家公園

驚艷原始動物生態之美

面積 14,760 平方公里的塞倫蓋蒂國家公園（Serengeti National Park），位於坦尚尼亞北部塞倫蓋蒂地區，是一座大型國家公園。「Serengeti」一字來自當地馬賽語「siringet」，意即無邊無際的大平原，因每年都會出現超過 150 萬的白尾角馬、斑紋角馬和約 25 萬隻斑馬的遷徙而聞名。1981 年，列入聯合國教科文組織世界遺產名錄。

歷史上塞倫蓋蒂被稱作是「馬賽之地」，三百多年前是片無人涉及的處女地，後來馬賽人遷移到這裡，與成千上萬的野生動物為伍。18 世紀末 19 世紀初，歐洲人開始踏足塞倫蓋蒂，起初來這裡探險，但是從 1913 年起，他們把這裡變成職業獵手的獵場。短短幾年裡，就有大批野生動物，特別是獵手們最喜愛的獵物——獅子，大量倒在槍口之下。

到了 1921 年，塞倫蓋蒂的獅子已經所剩無幾，迫使當時統治坦尚尼亞的英國政府不得不劃出一些保留地，來保護這裡的野生動物。1951 塞倫蓋蒂國家公園正式成立。1959 年，著名動物學家伯納德‧吉邁克（Bernard Grzimek）所拍攝的一部講述塞倫蓋蒂的紀錄片《塞倫加蒂不該喪命》，獲得 1959 年奧斯卡最佳紀錄長片獎，使塞倫蓋蒂一下子受到世人的矚目。

現今公園由於擁有極大規模的動物群落而聞名遐邇。每年 5、6 月間，角馬、斑馬及羚羊等食草動物，從中央平原向西部有水的地區遷徙。有時候，遷徙動物組成的隊伍長達十多公里。掠食動物緊隨其後，伺機捕食，形成世界上絕無僅有的壯觀景象。

耶穌堡

登錄名稱：Fort Jesus, Mombasa
地理位置：蒙巴薩
登錄時間：2011 年　興建時間：1593 ～ 1596 年

肯亞悠久歷史的見證

　　耶穌堡（Fort Jesus）是葡萄牙人為腓力二世修建的一座城堡，長一百多公尺，寬約八十公尺，城牆建在珊瑚岩上。在西元 1593-1596 年間修建而成，位於肯亞第二大城蒙巴薩的東南角，是個易守難攻的軍事要塞，用於保護蒙巴薩港口。耶穌堡整體型態呈「大」字形，大門上布滿約 10 公分長的尖釘，以防大象的衝撞。2011 年，列入聯合國教科文組織世界遺產名錄。

　　該城堡是 16 世紀葡萄牙軍事要塞建築中最傑出的作品之一，代表此類建築物歷史上的一個里程碑，受到良好的保護。城堡的設計布局與形式充分體現文藝復興的理想，採用同樣可以在人體比例中找到的那種完美和諧的比例與幾何構圖。遺址的南面和西面，則各有一道護城河。

　　由於 16 世紀以來連接東西方的新航路的開闢，蒙巴薩作為新航路上的重要補給站和貨物集散地，因而成為爭奪的目標，耶穌堡更是兵家必爭之地。1589 年，奧斯曼土耳其帝國派遠征軍占領蒙巴薩並修築城堡。1593 年，葡萄牙人攻占了蒙巴薩，並在港灣岬角處修建更大的城堡以俯視和控制港口。由於葡萄牙傳教士也隨著商船四處布道，這座新城堡於是就被命名為耶穌。1696 年，阿曼蘇丹開始圍攻城堡，葡萄牙人抵抗兩年後投降。

　　在 17 世紀初到 18 世紀初的一百多年中，耶穌堡曾在葡萄牙人、阿拉伯人、英國人等不同勢力之間多次易手。如今經過 400 多年風雨和戰火洗禮的耶穌堡，已重回肯亞政府手中，作為肯亞悠久歷史的見證。

古代水手所留下來的壁畫

黥基・德・貝馬拉哈自然保護區

登錄名稱：Tsingy de Bemaraha Strict Nature Reserve
地理位置：馬達加斯加中心以西
登錄時間：1990 年

不能赤腳通過的國家公園

　　黥基・德・貝馬拉哈自然保護區，位於馬達加斯加首都塔那那利佛以西約 300 公里處，面積 1,520 平方公里，是由喀斯特地形及石灰岩台地所組成，經過好幾百萬年雨水侵蝕，形成現今獨特的石灰岩針狀石林與黥基山峰、馬南布盧河峽谷、丘陵和高峰等奇觀。保護區中未遭破壞的森林、湖泊和紅樹林沼澤區則為稀有且瀕危的狐猴及鳥類的棲息地。1990 年，聯合國教科文組織將其作為自然遺產，列入「世界遺產名錄」。

　　位於保護區南部則是黥基・德・貝馬拉哈國家公園（Tsingy de

Bemaraha National Park），其中「黥基」（Tsingy）一詞有「石頭結構尖利，在這裡你不能赤腳通過」的意思。公園內充滿堅固、耐旱、鋒利、陡峭的石林，姿態千奇百怪，堪稱世界上最壯觀的岩石結構奇觀。石林裡青貝峰、尖岩林挺拔林立，馬南布盧河河谷壯麗秀美，兩者相輔相成，形成馬達加斯加的一道美麗風景和世界奇觀。

黥基‧德‧貝馬拉哈自然保護區的植被，是典型的馬達加斯加西部喀斯特地區植被類型，因為是石灰岩高地，儘管這裡降雨量多，植物還是不能獲得充足水分。所以大部分是能在旱地生長的植物，如鐵鏽狀、粗幹小葉的灌木，莖、葉可儲存水分的蘆薈屬植物，以及樹幹可以蓄水的猴麵包樹，其中黑檀木、鳳凰木都是珍稀樹種。

自然保護區內生活著二十多種猴，占當地哺乳類動物總數的 40%，其中被原住民當作不祥之物的「阿伊阿伊狐猴」大小如貓，外表像猴子，喜歡夜間活動，會用枯瘦的爪子敲擊樹幹，捕捉昆蟲取食。關於狐猴的傳說有很多，相傳殺死狐猴的人，一年內必死無疑。

圖片來源

P1　魯凱族好茶舊社 巴代 / 攝影、提供

P17　佛國寺 Takashi Images / Shutterstock.com

P21　布達拉宮 Hung Chung Chih / Shutterstock.com

P29　麗江古城 Meiqianbao / Shutterstock.com

P31　蘇州古典園林 Meiqianbao / Shutterstock.com

P33　摩亨朱達羅考古遺址 suronin / Shutterstock.com

P49　伊瑪目廣場 Spumador / Shutterstock.com

P81　順化皇城 Chris Howey / Shutterstock.com

　　　EQRoy / Shutterstock.com

P83　魯凱族好茶舊社 巴代 / 攝影、提供

P85　龍坡邦 beibaoke / Shutterstock.com

P89　烏魯魯・加他茱達國家公園 Maurizio De Mattei / Shutterstock.com

P109　布魯塞爾大廣場 Borna_Mirahmadian / Shutterstock.com

P113　聖家堂 Veniamin Kraskov / Shutterstock.com

P129　凡爾賽宮 Jose Ignacio Soto / Shutterstock.com

　　　Kamira / Shutterstock.com

P135　沙特爾大教堂 Sergio Delle Vedove / Shutterstock.com

P141　巨石陣、埃夫伯里和相關遺址 shootmybusiness / Shutterstock.com

P151　美泉宮 Milosz Maslanka / Shutterstock.com

P153　薩爾茲卡默古特湖區 chayakorn.t / Shutterstock.com

P157　比薩斜塔 claudio zaccherini / Shutterstock.com

P159　卡薩爾的古羅馬別墅 Pecold / Shutterstock.com

　　　lapas77 / Shutterstock.com

P163　阿爾貝羅貝洛的特魯洛建築 Diego Fiore / Shutterstock.com

P167　科隆大教堂 Mistervlad / Shutterstock.com

P191　里約熱內盧 Mark Schwettmann / Shutterstock.com

註：其他圖片出處皆為 Shutterstock.com

國家圖書館出版品預行編目資料

世界遺產：你最想知道的101個絕景祕境／簡孝
貞, 徐杉杉編著.
—— 初版. —— 臺中市：晨星，2018.04
面；　　公分.——（看懂一本通；3）

　　ISBN 978-986-443-396-4（平裝）

　　1. 文化遺產　　2. 世界地理

719　　　　　　　　　　　　　　　　　106023919

看懂一本通 003

世界遺產：
你最想知道的101個絕景祕境

編著	簡孝貞、徐杉杉
編輯	余順琪
封面設計	季曉彤
美術編輯	菩薩蠻數位文化有限公司
創辦人	陳銘民
發行所	晨星出版有限公司
	407台中市西屯區工業30路1號1樓
	TEL：04-23595820　FAX：04-23550581
	行政院新聞局局版台業字第2500號
法律顧問	陳思成律師
初版	西元2018年4月15日
總經銷	知己圖書股份有限公司
	106台北市大安區辛亥路一段30號9樓
	TEL：02-23672044／02-23672047　FAX：02-23635741
	407台中市西屯區工業30路1號1樓
	TEL：04-23595819　FAX：04-23595493
	E-mail：service@morningstar.com.tw
	網路書店 http://www.morningstar.com.tw
讀者專線	04-23595819#230
郵政劃撥	15060393（知己圖書股份有限公司）
印刷	上好印刷股份有限公司

定價350元

（如書籍有缺頁或破損，請寄回更換）

ISBN：978-986-443-396-4

Published by Morning Star Publshing Inc.

Printed in Taiwan

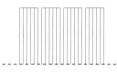

更方便的購書方式：

(1) **網　　站**：http://www.morningstar.com.tw
(2) **郵政劃撥**　帳號：22326758
　　　　　　　戶名：晨星出版有限公司
　　　　　　　請於通信欄中註明欲購買之書名及數量
(3) **電話訂購**：如為大量團購可直接撥客服專線洽詢

◎ 如需詳細書目可上網查詢或來電索取。
◎ 客服專線：04-23595819#230　傳真：04-23597123
◎ 客戶信箱：service@morningstar.com.tw